Der Bruch des Rechts

in

Kurhessen.

Ein Beitrag

zur Information der hohen deutschen

Bundesversammlung.

Berlin,

Druck und Verlag von Georg Reimer.

1859.

Seit Jahrhunderten bestand in den alt-hessischen Landen eine landständische Verfassung. Die Landstände tagten in zwei Kurien, der der Prälaten und Ritter, und der der Städte. Fest bestimmt waren ihre Befugnisse nicht. Ausdrücklich festgesetzt war durch eine Einigung von 1509, „daß keine Schatzung, Landsteuer oder Beschwerung genommen oder aufgesetzt werden sollte, es geschehe denn mit zeitlichem Rath und Verwilligung gemeiner Landschaft.“ Indem die Stände an diese, in ihr freies Ermessen gestellte, Steuerverwilligung Desiderien und Bedingungen jeder Art knüpften, übten sie den mannigfachsten Einfluß auch auf Gesetzgebung und Verwaltung. Wie fast überall in Deutschland traten aber auch in Hessen im Laufe der Zeiten die Landstände mehr und mehr in den Hintergrund; so daß dieselben gegen Ende des vorigen Jahrhunderts nur selten noch berufen wurden.

Nach dem Sturze des Königreichs Westfalen, nach der Rückkehr des angestammten Fürsten, glaubte man von diesem, der von seinem treuen Volke mit Jubel begrüßt worden war, Erneuerung und Verbriefung der Rechte des Landes hoffen zu dürfen. In der That wurden 1815 auch die alten Landstände wieder berufen, denen jetzt zuerst auch Vertreter des Bauernstandes hinzutraten. Eine Verfassungs-Urkunde war bereits ausgearbeitet. Aber die Verhandlungen führten zu keinem Ergebniß. Der zweite Regierungscommissar, Hassenpflug, der Vater des späteren Ministers, galt damals für den, welcher die Dinge zum Nachtheil des Landes gewendet habe. Statt einer Verfassung wurde 1817 „ein Haus- und Staatsgesetz“ erlassen, welches nur ein politisches Zugeständniß enthielt und zwar das: „daß kein Staatsdiener ohne Urtheil und Recht seiner Stelle entsetzt oder demselben sein rechtmäßiges Diensteinkommen entzogen werden könne.“

Kurfürst Wilhelm I. starb 1821. Sein Sohn Wilhelm II. war der erste hessische Fürst, der bei seinem Regierungsantritt die Berufung der Landstände unterließ. Eine Verordnung vom 29. Juni 1821, welche die Organisation des Landes umgestaltete, enthielt manches Gute, namentlich eine consequente Trennung der Justiz von der Verwaltung, aber leider verfiel die Regierung dieses Fürsten bald in ein Willkührregiment, welches den Günstlingen große Summen eintrug, während das Land verarmte. Es war eine Folge dieser Noth, aber noch mehr eine Folge des Aergernisses, welches die Zustände am Hofe in Hessen und außer Hessen gegeben hatten, daß im J. 1830 das Verlangen nach Verbesserung der öffentlichen Rechtszustände von Neuem vor den Thron trat. Die früheren Landstände wurden wieder berufen, diesmal unter Hinzutritt nach gleichen Grundsätzen berufener Vertreter der neuen Landestheile (Hanau und Fulda). Die Frucht der Vereinbarung mit ihnen war die Verfassung vom 5. Januar 1831. „Wir ertheilen", sagte der Landesherr in deren Einleitung, „in vollem Einverständnisse mit den Ständen, deren Einsicht und treue Anhänglichkeit Wir hierbei erprobt haben, die gegenwärtige Verfassungs-Urkunde mit dem herzlichen Wunsche, daß dieselbe als festes Denkmal der Eintracht zwischen Fürst und Unterthanen noch in späteren Jahrhunderten bestehen, und deren Inhalt sowohl die Staatsregierung in ihrer wohlthätigen Wirksamkeit unterstützen, als dem Volke die Bewahrung seiner bürgerlichen Freiheiten versichern, und dem gesammten Vaterland eine lange segensreiche Zukunft verbürgen möge."

Die so in völlig correcter Weise aus dem Zusammenwirken der historisch berechtigten Factoren hervorgegangene Verfassung wurde am 8. Januar 1831 in Gegenwart der Gesandten Oesterreichs und Preußens öffentlich vom Thron aus verkündigt, und von allen Dienern des Civil- und Militairstandes feierlich beschworen. Der Bundestag, dem sie zum Zwecke der Garantie-Uebernahme überreicht wurde, erklärte weder eine Garantie noch auch eine Beanstandung derselben.

Der Inhalt der Verfassung entsprach im Allgemeinen den constitutionellen Anschauungen der damaligen Zeit. Sie suchte die Rechte der Unterthanen in allgemeinen Zügen sicher zu stellen. Sie bestimmte

Freiheit der Person und des Eigenthums vor allen nicht in Recht und Gesetz begründeten Beschränkungen, die Unabhängigkeit der staatlichen, bürgerlichen und staatsbürgerlichen Rechte von der Verschiedenheit des christlichen Glaubensbekenntnisses, Gleichheit der Einwohner vor dem Gesetz, Freiheit der Wahl des Berufs u. s. w. Den Gemeinden wurde eine gewisse Selbständigkeit verheißen, die Stellung der Staatsdiener gesichert und durch ein unter den Schutz der Verfassung gestelltes Staatsdienstgesetz vom 8. März 1831 geregelt. Die Unabhängigkeit der Rechtspflege war ausgesprochen und den Landständen das Recht der Zustimmung zu Gesetzen und die Steuerbewilligung ertheilt. Zur Sicherung der Verfassung sollte die Verantwortlichkeit der Minister, die eidliche Verpflichtung aller Staatsdiener des Civil- und Militärstandes, die Verfassung zu beobachten und aufrecht zu erhalten, das Recht der Landstände, wegen Verfassungsverletzung wider alle Beamten ohne Ausnahme Anklage zu erheben, endlich die Errichtung eines ständischen Ausschusses dienen, welcher in Abwesenheit des Landtags die Rechte der Stände zu wahren bestimmt war.

In der überwiegenden Mehrzahl dieser Festsetzungen hatte die Verfassung von 1831 nur althergebrachtes oder doch seit längerer Zeit bestehendes und anerkanntes kurhessisches Recht aufgenommen und codificirt. Insbesondere war die Unabhängigkeit der Rechtspflege schon von Alters her eine charakteristische Eigenthümlichkeit des Hessischen Staatswesens und durch ein landesherrliches Edict vom 26. November 1793, auf welches die Verfassung Bezug nahm, in den kräftigsten Ausdrücken verbürgt.

Auch in der Zusammensetzung der Ständeversammlung schloß sich die Verfassung eng an das Institut der alten Landstände an. Die ersten Sitze derselben nahmen die Prinzen des Kurhauses und die Standesherren ein. Sodann gingen sämmtliche Elemente der früheren ersten Kurie, so weit sie noch vorhanden waren, in dieselbe über. Dazu kamen 16 Abgeordnete der Städte und eben so viel der Landgemeinden, deren indirekte Wahl activ und passiv an das dreißigste Lebensjahr, für die Hälfte der Abgeordneten überdies an gewisse erschwerende Voraussetzungen (größeren Vermögensbesitz, Mitgliedschaft einer Stadtbehörde, Grundeigenthum, Betrieb der Landwirthschaft) geknüpft war.

In innigem Zusammenhang mit dieser Verfassung standen zwei zwischen Regierung und Ständen abgeschlossene Verträge vom 5. Februar und 9. März 1831, wodurch die Vermögens-Verhältnisse zwischen Fürst und Land geordnet wurden.

Es war ein Kapitalvermögen von etwa 22 Millionen Thaler vorhanden, gebildet hauptsächlich aus den englischen Subsidiengeldern für bekannte auswärtige Kriegsdienste Hessischer Landeskinder. Schon im vorletzten Jahrzehnt des vorigen Jahrhunderts war zwischen Regierung und Ständen gestritten, ob dessen ungefähr 650,000 Thlr. betragende Einkünfte zur Kriegskasse oder zur Kabinetskasse zu ziehen seien, d. h. dem Lande oder dem Fürsten zufließen sollten. Dieser funfzigjährige Streit wurde durch den ersten jener Verträge definitiv geschlichtet. Jenes Vermögen wurde zu gleichen Theilen zwischen Fürst und Staat getheilt, und die Einkünfte der einen Hälfte (des Hausschatzes) dem Landesherrn, die der andern (des Staatsschatzes) dem Staate zugewiesen. Die Verwaltung beider Vermögensmassen wurde gesetzlich geregelt.

Durch den zweiten jener Verträge wurden aus dem vorhandenen Domanial-Vermögen eine gewisse Anzahl Gebäude, Schlösser zum ausschließlichon Gebrauche des Hofes ausgeschieden, und zu einem „Hausfideicommiß-Vermögen“ constituirt. Die übrigen Domänen wurden als Staatsvermögen anerkannt, jedoch als eine auf sie radicirte Rente die Zahlung einer „Hofdotations-Summe“ übernommen. Diese Summe wurde zunächst auf 392,000 Thlr., und für jeden künftigen Regenten aus der jetzt regierenden Linie auf 300,000 Thlr. bestimmt. Die Bestimmung der einem Nachfolger aus anderer Linie zu entrichtenden Summe wurde vorbehalten, und ist bis jetzt nicht erfolgt. Desgleichen ist die beabsichtigte Ausscheidung derjenigen Domänen, auf welche die Hofdotation förmlich radicirt werden sollte, bis heute unerledigt.

Beide Verträge wurden unter den Schutz der Verfassung gestellt, deren Bestimmungen sich an sie anschlossen, und das ganze Verfassungswerk ward durch den zweiseitig unterzeichneten Landtagsabschied vom 9. März 1831 wiederholt bestätigt.

Die Hoffnungen des Landes, welche den Erlaß der Verfassung von 1831 begrüßten, sollten nicht ganz in Erfüllung gehen. Noch in dem nämlichen Jahre schied Kurfürst Wilhelm II. von der Regierung, indem er dieselbe dem zum Mitregenten angenommenen Kurprinzen überließ. Dieser berief 1832 Hassenpflug, den Sohn, in's Ministerium. Die zum Ausbau der Verfassung erforderlichen Gesetze flossen sogleich spärlicher und hörten seit 1834 ganz auf. Der Angriff gegen die Verfassung begann. Er wurde von Hassenpflug vorzugsweise mit den Waffen einer dieselbe unterhöhlenden Interpretation geführt. Im Jahre 1837 schied Hassenpflug wegen persönlicher Fragen aus dem Ministerium. Aber seine Tendenzen überdauerten ihn. Als eigentliche Seele der Regierung galt der Ministerialreferent Staatsrath Scheffer, ein bekehrter Demokrat, der Hassenpflug, wenn auch nicht an Feinheit, doch an Rücksichtslosigkeit des Vorschreitens fast noch überbot. Unter seiner Leitung wurde ein System des Schein-Constitutionalismus versucht. Den Landständen wurden die geistigen Kräfte möglichst entzogen, namentlich dadurch, daß den Staatsdienern die in der Verfassung vorbehaltene Genehmigung der Regierung zum Eintritt in die Ständeversammlung versagt wurde. Die im Jahre 1834 heimgefallenen Domainen der Rotenburger Quart (des Paragiums einer nun aussterbenden Hessischen Nebenlinie), welche die Landstände nach den abgeschlossenen Verträgen nur als Staatsvermögen ansehen konnten, wurden unter Ablehnung jedes rechtlichen Austrags zum Hausvermögen gezogen. Gegen die Uebergriffe der Verwaltung gewährte indeß die in der Verfassung festgesetzte Unabhängigkeit der Gerichte einen starken Schutz. Auch dieser wurde angegriffen. Es machte einen tiefen Eindruck, als der Referent des Urtheils, welches Jordan freisprach, sofort aus dem höchsten Gerichtshof zu einer Eisenbahn-Verwaltung versetzt wurde. Diese Versuche, im Gegensatz zur Verfassung zu regieren, wurden in den vierziger Jahren durch eine eifrige kirchliche Reaktion, durch mannichfache persönliche Verfolgungen und Plackereien in gehässiger Weise verschärft. Sie erreichten im Jahre 1847, wo Scheffer selbst Minister wurde, den Höhepunkt. Als im November 1847 mit dem Tode Wilhelms II. der Regent in die Kurwürde eintrat, wurde eine Kommission ernannt, welche die Verfassung „revidiren" sollte. Indeß erging von Wien Anfangs Februar 1848 eine Note, welche in Kassel bemerklich machte, daß einer Verbesserung des Hessischen Grundgesetzes zwar nichts im Wege stände, jedoch unter Voraussetzung der Betretung des landesverfassungsmäßigen Weges einer Einigung mit den Landständen; der Bund habe keine Befugniß Verfassungen, die in anerkannter Wirksamkeit beständen, von sich aus zu verbessern.

In solchen Nöthen und Kämpfen war die Verfassung dem Kurhessischen Volke ein theueres Gut geworden. War auch einiges hinweg gedeutet und mißachtet: immer standen noch starke Säulen, in deren Umkreis das hessische Volk sich wohl und geborgen fühlte.

So kam das Jahr 1848 heran. Und nun erwies sich die Verfassung, wie sie bisher das Volk geschützt, auch als ein Schutz des Thrones. Sie hinderte, daß die stürmische Bewegung nicht in's Ungemessene sich verlor. Es bedurfte nur der Berufung von Ministern, deren ehrenhafter Charakter die Ueberzeugung begründete, daß die Verfassung aufrichtig werde eingehalten werden, um schnell die hochgehenden Fluthen in ein ruhigeres Bette zurückzuleiten.

Wir wollen damit die Verhältnisse der Jahre 1848 und 49 keineswegs so darstellen, als ob es damals in Kurhessen stets regelrecht hergegangen sei. Im März und April kamen mehrfach Aufläufe vor; es wurden Abends mißliebigen Personen Katzenmusiken gebracht und ein Dutzend Fensterscheiben eingeworfen. Aber noch im April genehmigte die Ständeversammlung einstimmig einen (von dem bekannten Dichter Heinrich König gestellten) Antrag, der Regierung alle Mittel zu Gebote zu stellen, um die Unordnungen zu unterdrücken. Diese wurden von da an immer seltener. Zwar bildete sich unter den Verführungskünsten einiger Demagogen eine sogenannte demokratische Partei; aber sie war entschieden in der Minderheit. Der Kern des Volkes, zumal der Bürgerschaft in Kassel, blieb „constitutionell" und war eifrigst auf Aufrechthaltung der Ordnung bedacht. Auch gelang es jene Unruhstifter im Zaum zu halten.

Die Ständeversammlung zeigte keine andere Haltung als das Volk. Sogar die neuen Wahlen, welche im Herbst 1848 vorgenommen wurden, nahmen ihr diesen besonnenen Charakter nicht. Es wurden zwar einige entschiedene Demokraten hineingewählt. Aber welches Wahlgesetz in der Welt würde bei einer im Jahre 1848 vorgenommenen Neuwahl deren gar nicht gebracht haben? In allen Principienfragen ward die demokratische Partei von der constitutionellen Mehrheit geschlagen. Schon darin ist die Unwahrheit der neuerdings aufgestellten Behauptung gegeben, die Stände seien damals von Pöbelmassen terrorisirt worden. Der Pöbel war freilich demokratisch, aber er hat auch nicht einmal versucht gegen die Stände zu demonstriren. Gewiß warfen auch in der Ständeversammlung erhitzte Gemüther mit den Schlagworten der damaligen Zeit um sich. Es wurden auch einzelne extreme Anträge gestellt. Aber sie fielen entweder schon in dem Schooße der Versammlung selbst oder die Minister traten ihnen entgegen, und wußten mit Hülfe des großen Vertrauens, das sie allseitig genossen, jede Ausschreitung abzuwenden. Ein Antrag, den Landesherrn auf ein suspensives Veto zu beschränken, wurde verworfen. Eine verlangte Verfassungs-Revision in großem Maßstabe kam nicht zur Ausführung. Die Stände begehrten, daß die mißliebigen Beamten (deren es manchen gab) disponibel gestellt würden; wenn auch, wie sich von selbst verstand, mit vollem Gehalt. In der That auf diese Weise disponibel gestellt wurden aber, so viel bekannt, nur zwei; darunter ein jüngsthin ernanntes Mitglied des Ober-Appellationsgerichts; aber nicht wegen seiner amtlichen Thätigkeit, sondern weil er kurz vor seiner Beförderung als Landstand sehr auffällige Rechtsanschauungen vertreten hatte. Wenigstens war dieses Verhalten der Revolution von 1848 milder als das Verhalten der „Verfassungsretter“ von 1850 und 1851.

Auch noch die Thatsache verdient hervorgehoben zu werden, daß die Staatsdienerschaft fast ohne Ausnahme dem constitutionellen System treu blieb, und nach Kräften für einen ruhigen und gemäßigten Verlauf der Bewegung wirkte. Erscheinungen, wie sie anderwärts vorgekommen sind, daß sich Staatsdiener an die Spitze der demokratischen Bewegung gestellt, sind Kurhessen völlig fremd geblieben. Vollends über jeden

Zweifel erhaben war die Treue des Militärs. Die Disciplin ist niemals im Geringsten gelockert gewesen.

Daß man übrigens auch von Seiten derer, welche später das Jahr 1848 am meisten schmähten, nicht verschmähte, dieses Jahr nach Kräften zu nutzen, dafür zeugt ein auf einer Konferenz der Orthodoxen zu Jesberg am 14. Februar 1849 auf Vilmar's Antrag beschlossenes Memorandum, durch welches der Landesherr aufgefordert wurde, in Hinblick auf die „deutschen Grundrechte“ die landesherrliche Kirchengewalt „als weggefallen zu betrachten“, und deren Uebertragung auf die Superintendenten auszusprechen. Im Kern des Volkes fanden auch diese Extravaganzen keinen Anklang.

Nach dem Allen darf es als unzweifelhafte Thatsache betrachtet werden, daß Kurhessen die Bewegung des Jahres 1848 leichter überstanden hat, als die meisten andern deutschen Länder. Es dankte das Land dieses Glück, nächst der Persönlichkeit der Minister, seiner bereits festbegründeten Verfassung, welche hier einen annähernd ähnlichen Dienst leistete, wie die Verfassung des Königreichs Belgien diesem Lande.

Man versuchte natürlich da zu ändern, wo man sich beschwert gefühlt hatte. Die Preßfreiheit, das Vereinsrecht, die Religionsfreiheit wurden gesetzlich geregelt. Durch ein Gesetz wurde den Ständen die Mitwirkung bei Besetzung des Ober-Appellationsgerichts mittelst jedesmaligen Vorschlags dreier Candidaten eingeräumt, auch die Unversetzbarkeit der Mitglieder dieses Gerichts ausgesprochen. In die Verwaltung wurde durch Schaffung von Bezirksräthen ein volksthümliches Element gebracht. Die Polizei wurde in unterster Instanz städtischen Beamten übertragen. Die Gerichtsverfassung wurde umgebildet; in das Strafverfahren wurden Schwurgerichte, Mündlichkeit und Oeffentlichkeit eingeführt. Die Ablösung der Grundlasten und die Aufhebung des Lehnverbandes wurde durchgeführt. Die Jagdgerechtsame auf fremdem Grund und Boden wurden gegen Entschädigung aufgehoben und auf die großen Grundeigenthümer und die Gemeinden übertragen. Daß diese im Drange der Zeit geschaffenen Gesetze Manches enthielten, was bei völlig besonnener Beurtheilung wohl anders ausgefallen wäre, wer möchte das leugnen? Indessen war doch auch in ihnen, zumal in Vergleich mit dem, was anderwärts vorkam, eine gewisse Maaßhaltung nicht zu verkennen. Und überdies durfte man hoffen, daß, sobald die Zeiten ruhiger geworden, auch die Kraft nicht fehlen werde, Bedenkliches in gesetzlichem Wege zu modificiren, gerade so wie dies auch in anderen Staaten geschehen ist. Wenigstens haben die Stände das ihnen eingeräumte — vielfach angegriffene — Präsentationsrecht zum Ober-Appellationsgericht, was übrigens z. B. auch den Ständen von Hannover und Meklenburg zusteht, keinenfalls mißbraucht. Sie präsentirten Männer des höheren Richterstandes, gegen deren Würdigkeit auch nicht der leiseste Zweifel beigebracht werden konnte, und welche, so weit sie noch am Leben sind, noch heute die Zierde des höchsten Gerichtshofes bilden.

Verfassungsveränderungen kamen nur in drei Punkten vor. Zwei derselben waren von untergeordneter Bedeutung. Die Staatsdiener sollten, um in die Ständeversammlung einzutreten, nicht mehr der Genehmigung der Regierung bedürfen. Alle Angelegenheiten des Kriegswesens, rücksichtlich deren bis dahin eine Ausnahme vorbehalten gewesen war, sollten fortan an die Mitwirkung des Kriegs-Ministers gebunden sein. Eine wichtigere Veränderung lag in der Umgestaltung der Stände. An die Stelle der Standesherren und der Ritterschaft wurden 16 Abgeordnete der Höchstbesteuerten gesetzt. Die 32 Abgeordneten der Städte und Dörfer sollten nach wie vor für Stadt und Land getrennt gewählt werden, und mit einer an das 30jährige Alter activ und passiv geknüpften Wahlfähigkeit ernannt werden. Das Wahlgesetz vom 5. April 1859, welches diese Umgestaltung vornahm, deren inneren Werth wir dahingestellt sein lassen, wurde von demokratischer Seite heftig angefochten, von conservativer befürwortet. Namentlich liegt die Denkschrift eines Kurhessischen Standesherrn, des Fürsten von Ysenburg, vor, welcher die Annahme dieses Gesetzes als dringendes Bedürfniß hinstellt und ausdrücklich Namens seiner Standesgenossen erklärt, daß diese ihre Interessen durch dies Wahlgesetz für ausreichend gewahrt erachteten. Und es ist Thatsache, daß die erste nach diesem Gesetz berufene Ständeversammlung nicht minder, wie die vorausgegangenen, durch eine constitutionelle Majorität geleitet wurde.

Auch die Einkünfte der Rotenburger Quart wurden 1848 dem

Lande überwiesen. Ein Antrag, zugleich Ersatz der 14jährigen Nutzungen in Anspruch zu nehmen, ward von der Majorität der Kammer abgelehnt. Die Hofdotation (S. 4) hielt die Ständeversammlung, nachdem dem Kurfürsten mit dem Tode seines Vaters deren ungetheilten Revenüen mit mehr als 600,000 Thlr. zugefallen waren, einstimmig für zu hoch. Man glaubte sogar, mit Rücksicht auf gewisse Vorbehalte in der Vereinbarung von 1831 zu Gunsten des Landes, Rechtsansprüche auf deren Herabsetzung zu haben. Man bat deshalb den Kurfürsten, in eine Herabsetzung einzuwilligen. Als dieser aber dieses Ansinnen ablehnte, wurde am 27. März 1849 (auf Antrag des bekannten Historikers von Sybel) beschlossen, unter Vorbehalt der Ansprüche des Landes, jene Summe unverändert in das Budget aufzunehmen, „weil die Ständeversammlung es für ihre Pflicht halte, ein unzweifelhaftes Vertragsrecht einseitig nicht anzutasten.“ —

Nachdem die deutsche Reichsverfassung gescheitert war, hatte sich das Ministerium Eberhard, in voller Uebereinstimmung mit dem Willen des Landesherrn, der Preußischen Union angeschlossen, in welcher Richtung es von der constitutionellen Mehrheit der Kammer eifrig unterstützt wurde. Gelang deren Zustandekommen, dann durfte das kleine Kurhessische Staatsleben auch den so nöthigen äußeren Stützpunkt gefunden zu haben hoffen. Da sagten sich, am 21. Februar 1850, Sachsen und Hannover von der Union wieder los. Und am 23. Februar erschien Hassenpflug zum zweiten Mal als Kurhessischer Minister *).

Sein Erscheinen wirkte wie ein Donnerschlag. Zwar suchte er öffentlich und in Privatgesprächen den Glauben zu verbreiten, daß er nicht mehr der Hassenpflug von früher sei; daß er nicht daran denke, die einmal gegebenen Rechtszustände zu ändern, und daß er nur extremen Tendenzen, namentlich dem Princip der Volkssouveränetät, ent-

*) Die Mitglieder des Ministerium Eberhard wurden nach ihrer Entfernung nicht allein geschäftslos gelassen, sondern es wurde auch ihren Söhnen jede Anstellung versagt, so daß sie im Auslande Unterkommen suchen mußten. Einem der geschäftslosen Minister wurde der zum Besuch eines Bades zur Herstellung seiner Gesundheit nachgesuchte Urlaub beharrlich verweigert.

gegen treten werde. Gleichwohl traute man ihm nicht, und namentlich wirkte das zweideutig gehaltene Programm, womit er vor die Stände trat, nichts weniger als beruhigend. Auch glaubte man alsbald zu erkennen, daß er die Unionspolitik nur noch scheinbar unterstütze, um sie von innen heraus zu sprengen. War es doch die erste Amtshandlung Hassenpflug's, den bisherigen eifrig unionistisch gesinnten Bevollmächtigten Kurhessens im Verwaltungsrathe der Union zu Berlin telegraphisch abzuberufen. Dies führte zu einer Verhandlung mit dem landständischen Verfassungs-Ausschuß, bei welcher die Minister in einer Konferenzsitzung vom 7. März 1850 förmlich die Erklärung zu Protokoll gaben, „daß keine berechtigte Bundesgewalt mehr bestehe, und daß ein Bundestag nur mit Zustimmung der Ständeversammlung wieder hergestellt werden könne“. Gleichsam zur Bestätigung solcher Versicherungen schien Hassenpflug in der innern Politik völlig harm- und sorglos. Er ließ den Dingen unbekümmert ihren Gang, und contrasignirte eine Reihe von Gesetzen, zum Theil von liberaler Färbung, die noch das frühere Ministerium eingebracht hatte. Nur die äußere Politik beschäftigte ihn lebhaft. Wie er auf diesem Felde in Berlin und Erfurt, und dann in Frankfurt gewirkt; wie er noch vor dem Austritt aus der Union in die Verhandlungen zur Wiederherstellung des Bundestags eingetreten, und dabei seine kurz vorher den Ständen feierlichst gegebene Erklärung als eine früher geäußerte, „nunmehr widerlegte Rechtsansicht“ bezeichnet hat: darauf werden wir unten mit einem Worte zurückkommen müssen. Erst Ende August waren die äußeren Verhältnisse soweit gereift, um auch in Hessen die Maske fallen zu lassen.

Die Steuern in Kurhessen waren nach der Verfassung von 1831 regelmäßig für dreijährige Finanzperioden von den Ständen zu bewilligen. Ausnahmsweise wurden sie durch das Finanzgesetz vom 5. April 1849 nur für das Jahr 1849 bewilligt, weil die außerordentlichen Verhältnisse die Vorlage eines dreijährigen Budgets unthunlich gemacht hatten. Nach §. 147. der Verfassungs-Urkunde laufen die bewilligten Steuern, wenn nicht eine weitere ständische Beschlußnahme eintritt, noch 6 Monate lang über den Schlußpunkt der Bewilligung stillschweigend fort. Bereits am 14. December 1849 hatte das frühere Ministerium den Ständen ein Budget für die Jahre 1850 und 1851 vorgelegt. Mit diesem waren die Stände beschäftigt als das Ministerium Hassenpflug eintrat. Von März bis Mai wurden die Stände vertagt. Im Mai griff das Ministerium das ihnen vorliegende Budget als unbrauchbar an, ohne jedoch dasselbe förmlich zurückzunehmen. Der Budget-Ausschuß setzte daher dessen Berathung fort. Der Bericht war zum Drucke fertig. Da legte am 7. Juni das Ministerium den Ständen den Entwurf eines Gesetzes wegen Forterhebung der Steuern während weiterer 6 Monate, vom 1. Juli an, vor, mit dem Bemerken, daß die Auflösung der Stände beabsichtigt werde. Der Ausschuß hatte über diese Proposition bereits am 12. Juni Morgens seinen Bericht erstattet. Dieser war auf Ablehnung gerichtet, da die Zeit der noch laufenden Steuern, bis zum 30. Juni, ausreiche, um auf der geordneten Grundlage des Budgets ein Finanzgesetz zu Stande zu bringen, und die beabsichtigte Auflösung für die Stände keinen Grund abgeben könne, ihrerseits auf eine gesetzliche Ordnung der Verhältnisse zu verzichten. Ehe jedoch dieser Bericht noch berathen war, wurde plötzlich am Nachmittag desselbigen Tages die Versammlung aufgelöst. Man hat viel über den Grund dieses auffallenden Schrittes gemuthmaßt. War er vielleicht eine Probe, wie weit eine nicht auf ein Budget gegründete Steuerforderung die Stände treiben werde? Oder geschah die Auflösung wirklich um — wie Hassenpflug später vor dem Bundestag erklärte — „eine formelle Steuerverweigerung nicht zur Erscheinung kommen zu lassen“, d. h. weil man damals eine solche noch nicht brauchen konnte? Wir werden das entscheidende Motiv der Eilfertigkeit dieser Auflösung unten verrathen.

Hassenpflug that, als ob die Auflösung der Ständeversammlung nichts weiter, als einer seiner sorglosen Akte gewesen sei. Um durch die Steuersistirung dem Lande keinen Schaden erwachsen zu lassen, wandte er sich an den bleibenden ständischen Ausschuß, und mit dessen Zustimmung erließ er gestützt auf den §. 95 der Verfassungs-Urkunde (welche bei außerordentlichen Begebenheiten in Abwesenheit der Landstände die Anordnung außerordentlicher Maßregeln mit Zuziehung des ständischen Ausschusses für statthaft erklärt) eine Verordnung vom 27. Juni 1850, wodurch „bei der ohne Vorsorge für den Ablauf der Steuererhebungszeit erfolgten Auflösung der Ständeversammlung und zur Abwendung der in Folge dessen dem Staat drohenden Gefahren“ die Forterhebung, jedoch einstweilige Deponirung der indirekten Steuern bestimmt wurde. Die Nicht-Erhebung (d. h. einstweilige Creditirung) der direkten Steuern hielt hiernach das Ministerium selbst für gefahrlos.

Gegen Ende August wurden die neugewählten Stände berufen. Jetzt zum ersten Male hatte die Aufregung, welche Hassenpflug im Lande hervorgebracht, eine Versammlung herbeigeführt, in welcher sich die Demokraten und Konstitutionellen mit ziemlich gleichen Kräften gegenüber standen. Bayrhofer wurde Präsident, — ohne Zweifel für Hassenpflug sehr erwünscht. Das von dem vorigen Ministerium den Ständen vorgelegte Budget hatte mit Auflösung des Landtags, dem es vorgelegt war, seine unzweifelhafte Beseitigung gefunden. Ohne ein neues vorzulegen, brachte jetzt das Ministerium am 26. August abermals einen Gesetzentwurf ein, durch welchen es ermächtigt werden sollte, „die in Gemäßheit des §. 3 und 4 des Finanzgesetzes vom 5. April 1849 und des §. 147 der Verfassungs-Urkunde bis Ende Juni erhobenen Steuern und Abgaben von da an weiter bis zum 30. September 1850 einstweilen fortbeziehungsweise nacherheben zu lassen.“

Es war unzweifelhaft, daß nach der Verfassung (§. 144) und den Bundesgesetzen (Art. 21 des geh. Schlußprotokolls der Wiener Conferenz vom 12. Juni 1834) die Stände nur die ihnen durch ein Budget als erforderlich nachgewiesenen Steuern zu bewilligen verpflichtet waren. Zwar waren auf früheren Landtagen auch provisorische Bewilligungen vorgekommen; aber nur dann, wenn die Regierung bereits ein Budget vorgelegt hatte, dessen Berathung noch nicht erledigt war. Ohne diese Voraussetzung nahm das gegenwärtige Ministerium die Fortbewilligung von Steuern und damit ein Vertrauen in Anspruch, wie es bisher keinem Ministerium zu Theil geworden. Ein solches ihm zu gewähren lag kein Grund vor. Später — in der Verordnung vom 4. Septbr. 1850 und in der Wilhelmsbader Denkschrift — wurde freilich vom Ministerium die Behauptung aufgestellt, „jener Gesetz-Entwurf habe dadurch, daß er auf das letzte Finanzgesetz sich gegründet, die Nachweisung der Erforderlichkeit des Fortgangs der Steuererhebung enthalten.“ Niemand konnte ahnen, daß dies die Ansicht des Ministeriums sei. Bei den Verhandlungen, wo der Mangel jener Nachweisung natürlich den Kernpunkt der ganzen Discussion bildete, sagte das Ministerium davon nichts. Die Nachweisung war aber auch nicht darin enthalten. Die allein in Bezug genommenen §§. 3 und 4 des Finanzgesetzes vom 5. April 1849 hatten blos die zu erhebenden Steuern (also die Einnahme) zum Gegenstand. Jene Nachweisung hätte doch mindestens geliefert werden müssen durch Bezugnahme auf die in jenem Gesetz verzeichneten Ausgaben. Endlich würde jene Bezugnahme, auch wenn sie in der Proposition zu finden gewesen wäre, doch unbrauchbar gewesen sein, weil ja der Etat des Jahres 1849 ein außerordentlicher, und gerade deshalb von den übrigen Jahren abgesonderter war. Jene nachträgliche Behauptung, „die Nachweisung sei in der Proposition enthalten gewesen,“ ist daher rein aus der Luft gegriffen. Die Stände waren unzweifelhaft formell in ihrem Rechte, wenn sie die Steueranforderung der Regierung als eine ungehörige ablehnten.

Es war aber auch Grund vorhanden, von diesem Rechte Gebrauch zu machen. Es war unzweifelhaft, daß das Ministerium, welches bereits sechs Monate im Amte war, das nothwendige Budget längst hätte ausgearbeitet haben können. Die für die Verzögerung angeführten Gründe — beabsichtigte Ersparniß in der Justiz- und Militärverwaltung — mußten bei gänzlich mangelnder Vorbereitung der dieselben bedingenden Umgestaltungen lediglich als Vorwand erscheinen. In consequenter Vorschützung mußten sie dahin führen, für die ganze noch rückständige Dauer der Finanzperiode eine Budgetvorlage zu hinterhalten. Jedermann erblickte daher in der abermaligen Unterlassung dieser Vorlage anderweiter Absichten, denen man begegnen müsse.

Die wesentliche Frage konnte nur die sein, ob nicht eine Ablehnung der Proposition durch Störung des Staatshaushalts das Wohl des Staates beeinträchtige. Aber zwei Monate der Zeit, auf welche die begehrte Steuer-Bewilligung sich bezog — Juli und August — waren bereits ohne Störung des Haushalts verflossen. Es unterlag keinem Zweifel, daß auch der dritte Monat September, für welchen ja allein die Bewilligung begehrt wurde, ohne Störung verfließen würde, da — wie auch die spätere Erfahrung vollkommen bewiesen *) — die außer den Steuern fließenden Staatseinkünfte, so wie ein Betriebskapital von 900,000 Thlrn. hinreichende Mittel gewährten, den Staatshaushalt noch mehrere Monate lang ohne Hemmniß fortzusetzen. Bis dahin aber konnte die Regierung unzweifelhaft ein Budget vorlegen. Jede Gefahr erschien abgewendet, wenn die Stände genehmigten, daß für den Monat September gerade so verfahren werde, wie die Regierung selbst „zur Abwendung der dem Staate drohenden Gefahren" mit Zustimmung des Ständeausschusses für Juli und August decretirt hatte: daß nämlich die indirekten Steuern erhoben und deponirt werden sollten; dagegen die direkten Steuern auch fernerhin noch einen Monat lang creditirt blieben. Hierauf ward der Ausschußantrag gerichtet.

Bei der ständischen Verhandlung am 31. August ward zunächst ein Antrag, „die Berathung der Steuervorlage, weil das Ministerium des Vertrauens gänzlich entbehre, ohne Weiteres abzulehnen," mit 34 gegen 13 Stimmen verworfen. Dann wurde der Ausschußantrag berathen. Niemand dachte dabei an eine „Steuerverweigerung," durch welche die „Durchsetzung anderweiter Wünsche und Anträge" hätte realisirt werden sollen; man wollte nichts weiter realisiren, als die verfassungsmäßige Vorbedingung der Steuerbewilligung selbst, die Budgetvorlage. „Wir wollen nicht ein politisches Schauspiel aufführen" — so schloß der Referent seinen Vortrag — „keine Experimente machen, sondern die ernste und bittere Wahrheit dem Ministerium

*) Erst im November begannen die Staatsmittel zu stocken, so daß die Gehalte theilweise nicht ausgezahlt werden konnten.

vorführen, daß es sich nicht auf verfassungsmäßigem Boden befindet.“ Hiernach ward der Ausschußantrag zum Beschlusse erhoben.

Dies ist die berühmte Kurhessische „Steuerverweigerung“; ein Beschluß, welchen gewissenlose Federn gern zu einer Weigerung, „den Staatshaushalts-Etat festzustellen“, verdrehen möchten.

Am 2. September ward die Ständeversammlung aufgelöst.

Am 4. September erschien eine landesherrliche Verordnung, welche der „pflichtvergessenen“ Ständeversammlung Verfassungsbruch und Rebellion vorwarf, und die von derselben beschlossene „Steuerverweigerung“ als eine „außerordentliche Begebenheit“ bezeichnete, für welche die Gesetze unzureichend seien und die deshalb eine Ausnahmsmaßregel nach §. 95 der Verf.-Urk. nöthig mache, zu welcher auch die verfassungsmäßige Zuziehung des landständischen Ausschusses durch dessen Einladung, welcher er jedoch Folge zu geben sich geweigert, stattgefunden habe. Nach diesem Eingang verfügte die Verordnung die Erhebung und Verwendung sämmtlicher Steuern.

Alle Welt staunte. Der bleibende ständische Ausschuß protestirte. Er hatte natürlich sich nicht zur Beschaffung einer Verordnung hergeben können, durch welche im Widerspruch mit dem Beschluß der Stände-Versammlung die Steuern ausgeschrieben werden sollten. Da erschien schon am 7. September eine zweite Verordnung, worin unter Bezugnahme auf den Bundesbeschluß von 1832 die „Steuerverweigerung für Aufruhr“ erklärt, und zur Verhütung anarchischer Zustände so wie „um die ganze Verfassung über den Abgrund, den der Bruch derselben in einem Punkte für das Ganze eröffnet habe, hinüberzuführen, „mithin den Fortbestand der Verfassung zu sichern,“ über sämmtliche Kurhessischen Lande der Kriegszustand verhängt, die gesammte Polizeigewalt einem nur dem Landesherrn verantwortlich erklärten militärischen Oberbefehlshaber übertragen, Preßfreiheit und Vereinsrecht aufgehoben und Vergehen wider die Obrigkeit mit Kriegsrecht bedroht wurden. Beide Verordnungen sollten so lange gelten, bis „den baldthunlichst einzuberufenden Landständen darüber Vorlage gemacht werden könne.“

Niemand zweifelte, daß ein Kampf wider die Verfassung auf Leben und Tod begonnen habe. Nach §. 146 der Verfassungs-Urkunde ist „kein Steuererheber zur Einforderung von Steuern berechtigt, wenn nicht in dem Erlaß der landständischen Verwilligung besonders erwähnt ist.“ *) Alle Behörden, einschließlich der Gerichte, sind insofern Steuererheber, als sie Stempel zu verwenden haben. Fast alle unterließen die Stempelverwendung. Damit war ihre Ansicht über die rechtliche Unwirksamkeit der Verordnungen entschieden. Der Oberbefehlshaber versuchte, eine Zeitungspresse mit Beschlag zu belegen. Der Eigenthümer erwirkte hiergegen beim Obergericht zu Kassel ein Mandat, worin das Gericht, nunmehr auch in richterlicher Qualität, die Unverbindlichkeit der Verordnung vom 7. September aussprach. Gegen einen Civilbeamten, welcher den Kriegszustand in Ausführung bringen wollte, wurde strafgerichtlich vorgeschritten. Der Oberbefehlshaber, ein einfacher alter Soldat, begann zu schwanken. Die Ueberzeugung von der Gesetzwidrigkeit des ministeriellen Gebahrens war so stark und allgemein, daß es schien, als ob die Regierung sich des Einflusses dieser Stimmung nicht werde auf die Dauer entziehen können. Da erfuhr man eines Morgens, der Kurfürst und die Minister hätten Kassel verlassen. Niemand dort wußte wohin. Erst spät erfuhr man, daß der Kurfürst sich über Hannover und Cöln in die Nähe von Frankfurt begeben habe. Künstliche Täuschungen sollen für diesen Entschluß des Kurfürsten den Ausschlag gegeben haben. Eine Verordnung vom 17. September verkündete dem Lande, daß der Regierungssitz nach Wilhelmsbad bei Hanau verlegt sei, weil es mit der Würde der Regierung nicht vereinbar erschienen, länger an einem Orte zu weilen, wo „die meisten oberen Staatsbehörden“ im Widerstande sich befänden. Man suchte den Stützpunkt, den man im Lande verloren hatte, in Frankfurt.

In Frankfurt war an dem nämlichen Tage, an dem die Kurhessische Ständeversammlung aufgelöst war, unter Oesterreichs Leitung eine Versammlung von Gesandten deutscher Regierungen eröffnet worden,

*) Beiläufig bemerkt ist dies eine Bestimmung, die schon in dem Verfassungs-Entwurf von 1815 stand.

welche sich als engerer Rath des „Bundestags“ constituirt hatte. Diese, von Hassenpflug angegangen, hatte nun Gelegenheit, ihr erstes Lebenszeichen von sich zu geben. Am 21. September decretirte die „Bundesversammlung“, daß in Kurhessen eine „Steuerverweigerung“ vorliege, auf welche die Art. 25 und 26 der Wiener Schlußakte Anwendung finden müßten; daß deshalb die Kurh. Regierung aufgefordert werde, „alle einer Bundesregierung zustehenden Mittel anzuwenden, um die ernstlich bedrohte landesherrliche Autorität im Kurfürstenthum sicher zu stellen“; die Bundesversammlung aber sich die erforderlichen Anordnungen zur Sicherung und Wiederherstellung des gesetzlichen Zustandes vorbehalte. Von der Frage, ob die Regierung die Vorbedingungen der ständischen Steuerbewilligungspflicht erfüllt, war überall nicht die Rede. Dieser Beschluß, ein Produkt der Jurisprudenz des bekannten Liechtenstein'schen Gesandten v. Linde, wurde durch Verordnung vom 23. September in Kurhessen publicirt. Fast gleichzeitig erging von Wilhelmsbad aus an Deutschlands Regierungen eine geheime „Denkschrift“, worin der obwaltende Streit, unter geschickter Benutzung einiger Extravaganzen der demokratischen Presse, künstlich entstellt, und alse in Kampf des monarchischen Princips mit dem Princip der Volkssouveränität gezeichnet wurde.

Von diesen Grundlagen aus glaubte man zu weiteren Maßregeln schreiten zu dürfen. Bisher war der intendirte Kriegszustand durch die Aussprüche der Gerichte vereitelt. Es lagen aber nur Aussprüche der Unter- und Obergerichte vor. Beruhten diese, wie das Ministerium behauptete, auf einer Verkennung des Rechts, so war nichts einfacher, als die höchste Instanz zu beschreiten, von welcher dann Remedur erwartet werden durfte. Hatte doch das Ober-Appellationsgericht so eben erst einen Beweis seiner Loyalität geliefert, indem es, zu sichtlicher Befriedigung des Ministeriums, die erfolgte Publication der deutschen Wechselordnung als „Reichsgesetz“ für ungültig erklärte. Hatte doch dieses Gericht einen noch stärkeren Beweis dadurch geliefert, daß es den landständischen Ausschuß, der auf Grund seiner freilich nur allgemein in der Verfassung bezeichneten Befugnisse eine Anklage wider die Minister wegen jener Verordnungen versucht hatte, mit dieser als nicht legitimirt zurückwies. Warum nun, wenn man sich des Rechts bewußt war, vertraute man sich nicht der Entscheidung dieses Gerichtshofes an? Aber es wurde nirgends gegen die Aussprüche der Obergerichte appellirt. Man schien geflissentlich einen Ausspruch der höchsten Instanz vermeiden zu wollen. Statt auf dem natürlichen Wege fortzuschreiten, begann man einen unerhörten Kampf wider die Gerichte im Verordnungswege.

Die kurhessischen Gerichte hatten in ihren Erkenntnissen in Betreff der September-Verordnungen, so weit dieselben bekannt geworden sind, niemals eine Beurtheilung dieser Verordnungen vom legislatorischen Standpunkt aus in Anspruch genommen. Sie hatten namentlich anerkannt, daß ihnen ein Urtheil darüber, ob ein Ereigniß seiner faktischen Natur nach als „außerordentliche Begebenheit" gelten und demnach den Erlaß einer Ausnahmsmaßregel nach §. 95 der Verfassungs-Urkunde rechtfertigen könne, überall nicht zustehe. Sie verneinten aber, daß ein Beschluß der Ständeversammlung selbst, seiner juristischen Natur nach, geeignet sei, als eine solche „außerordentliche Begebenheit", welche „bei Abwesenheit der Landstände" Ausnahmsmaßregeln rechtfertige, zu gelten, weil es unmöglich im Sinne der Verfassung liegen könne, einen Erlaß, den sie an die Zustimmung der Stände geknüpft habe, daneben auch gerade deswegen für zulässig zu erklären, weil die Stände nicht zugestimmt. Sie verneinten ferner, daß die verfassungsmäßig gebotene „Zuziehung des landständischen Ausschusses" durch dessen Weigerung, sich zuziehen zu lassen, ersetzt werde; und zwar um so mehr, als unter der „Zuziehung", dem ganzen Zusammenhange nach, ein Zustimmungsrecht begriffen sei. Sie verneinten endlich die Anwendbarkeit des §. 95 auf Steuerausschreiben und Verfassungs-Aenderungen, da beide als etwas von der Gesetzgebung (von welcher allein der §. 95 handelt) Verschiedenes in der Verfassung an ganz anderen Stellen abgehandelt würden. Nimmt man nun hinzu, daß die Gerichte nach §. 123 der Verfassungs-Urkunde ausdrücklich angewiesen waren, „ohne irgend eine fremde Einwirkung nach den bestehenden Rechten und verfassungsmäßigen Gesetzen zu entscheiden": welcher Unbefangene möchte da den Gerichten, indem sie die Verfassungsmäßigkeit jener Verordnungen prüften und mittelst jener Erwägungen verneinten, eine Ueberschreitung ihrer Kompetenz vorwerfen?

Eine Verordnung vom 28. September erklärte es mit dem monarchischen Princip unvereinbar, daß die der Regierung durch §. 95 der Verf.-Urkunde anvertrauten Rechte durch die Beurtheilung der Behörden und Gerichte außer Wirksamkeit gesetzt werden könnten. Sie verbot deshalb eine jede Kognition über die rechtliche Gültigkeit dieser und der vorausgegangenen Verordnungen bei Strafe des Aufruhrs, erklärte ein jedes hierauf gerichtete gerichtliche Verfahren für unstatthaft, die bereits im Widerspruch hiermit ergangenen richterlichen Aussprüche für unwirksam, und verpflichtete den Oberbefehlshaber so wie alle Behörden, den Folgen solcher Aussprüche mit allen Mitteln entgegenzutreten. Die Zuwiderhandlung sowie eine weitere Reihe von Vergehen wurde zur kriegsgerichtlichen Kompetenz, zum Theil auch zur Bestrafung nach Kriegsrecht verwiesen. Begleitet war diese Verordnung von einer landesherrlichen Ansprache, worin auseinandergesetzt wurde, daß die ministerielle Kontrasignatur jeden landesherrlichen Erlaß zu einem verfassungsmäßigen mache, der unbedingte Befolgung finden müsse.

„Um die Verfassung über den Abgrund zu führen,“ — einen Abgrund, den freilich außer dem Ministerium Niemand erblickte — war man zu Maßnahmen geschritten, deren in der Verfassung gesuchte Grundlage selbst die wenigen Anhänger des Ministeriums nur als eine „immerhin zweifelhafte“ zu vertheidigen wagten. Um diese Maßnahmen aufrecht zu halten, schritt man zu weiteren, die den unzweifelhaftesten Verfassungsbruch enthielten.

Der §. 113 der Verfassung bestimmte: „Die Beurtheilung, ob eine Sache zum Gerichtsverfahren sich eigne, gebühret dem Richter nach Maßgabe der allgemeinen Rechtsgrundsätze und solcher Gesetze, welche mit Beistimmung der Landstände werden erlassen werden.“ Jetzt verbot man den Richtern, ihre Beurtheilung auf die Rechtsgültigkeit der Grundlagen ihrer Rechtsprechung auszudehnen, während doch die große Mehrzahl der deutschen Rechtslehrer eine solche Beurtheilung dem Richter zur Pflicht macht.

Der §. 123 der Verfassung bestimmte: „Die Gerichte sollen in ihrem Verfahren, namentlich auch in der Vollziehung ihrer Verfügungen und Urtheile geschützt, und soll ihnen hierzu von allen Civil- und Militärbehörden der gebührende Beistand geleistet werden.“

Jetzt befahl man allen Civil- und Militärbehörden, den Gerichten, statt Beistand, Widerstand zu leisten.

Der §. 61 der Verf. erklärte denjenigen Staatsdiener für verantwortlich, der sich einer Verletzung der Landesverfassung, „namentlich auch durch Vollziehung einer nicht in verfassungsmäßiger Form ergangenen Verfügung einer höchsten Staatsbehörde,“ schuldig mache. Jetzt sollte die Vollziehung einer solchen nicht in verfassungsmäßiger Form ergangenen Verfügung die Verantwortlichkeit des Staatsdieners begründen.

Diese Auffassung der Dinge war für das Begriffsvermögen des zunächst als Werkzeug ausersehenen Oberbefehlshabers zu schwierig. Er wurde krank, und um ihn zu ersetzen, mußte man zu dem Mittel greifen, einen mehrjährigen Pensionar zu reactiviren. Der Gen.-Lieutenant v. Haynau, Vater des mit Hassenpflug eingetretenen Kriegsministers, Bruder des österreichischen Generals, wurde zum Oberbefehlshaber ernannt. Was der nüchternen Strenge eines derben alten Soldaten zu schwer geworden war, sollte jetzt der fromme Eifer eines altersschwachen Greises überwinden. Um in dem ihm zur Seite gestellten „Kriegsgericht“ ein möglichst gefügiges Werkzeug zu gewinnen, wurde durch Verordnung vom 30. September verfügt, daß das zur Aburtheilung von Civilpersonen berufene Kriegsgericht nach der für gemeine Soldaten bestimmten Weise zusammengesetzt werden solle. Es sollte also eine vom Oberbefehlshaber zusammengesetzte Versammlung, deren größere Anzahl aus gemeinen Soldaten und Unteroffizieren bestand, darüber zu „Gericht“ sitzen, ob die höchsten Civil-Behörden und Gerichte Kurhessens ihre Schuldigkeit gethan, und nach Befinden deren Mitglieder als Aufrührer strafen.

In der obersten Spitze hatte der Kriegszustand nun einen Vertreter gefunden, der, in Folge einer ihm in Wilhelmsbad ertheilten Belehrung, von der „Verfassungsmäßigkeit" der Verordnungen völlig überzeugt war. Indessen reichten die vorhandenen Mittel offenbar nicht aus, den Kriegszustand durchzuführen. Im Hinweis auf ihre Eidespflicht und auf das durch die Verfassung wiederholt bekräftigte Edikt von 1743, welches die Richter auch „in den Sachen, welche den Landesherrn und seine Beamten und Bedienten, die in seinem Namen agiren, angehen, auf nichts als Gott den Allmächtigen, und eine ganz unpartheiische reine Justiz ein vor allemal" verweist; welches verordnet, daß stets „der Justiz ihr straker Lauf gelassen, und eine darwider ausgewirkte Verordnung nicht anders als per sub- et obreptionem erschlichen, oder aus Irrthum und Mißverständniß ertheilt angesehen, und deren ungehindert im geraden Wege weiter procedirt werden solle," erklärten die Civilgerichte die neue Verordnung vom 28. September für nicht minder rechtsunwirksam als die früheren und traten der wiederholt versuchten Durchführung des Kriegszustandes mit dem moralischen Gewicht ihrer Entscheidungen entgegen. Bei weitem schwieriger war die Stellung des Offiziercorps. Einerseits wurde zur Durchführung der Verordnungen ihr unbedingter militärischer Gehorsam in Anspruch genommen, während andererseits ihr auf die Verfassung geleisteter Eid und das Bewußtsein, zu deren Umsturz ausersehen zu sein, ihnen formell und materiell die größten Bedenken erwecken mußte. Bisher hatten nur die Civilgerichte die Verfassungswidrigkeit der Verordnungen ausgesprochen. Aber am Abend des 4. Oktober erfolgte ein motivirter Beschluß des General-Auditoriats, durch welchen wider den Oberbefehlshaber selbst auf Grund einer Anklage des landständischen Ausschusses die Einleitung einer Untersuchung wegen Vergewaltigung angeordnet wurde. Also auch das höchste Militärgericht hatte die Unverbindlichkeit der Verordnungen anerkannt. Wo lag die Grenze des militärischen Gehorsams? Diese Schwierigkeit war es, welche mit furchtbarem Gewicht auf dem Gewissen der Offiziere lastete. Selbst der Oberbefehlshaber konnte dieser Lage Berücksichtigung nicht versagen. Man kam überein, daß ein höherer Offizier, der die allgemeine Achtung der Armee genoß, nach Wilhelmsbad reisen, und dem Kurfürsten die verzweifelte Lage der

Dinge nochmals an's Herz legen sollte. Mittlerweile sollte eine Art „Waffenstillstand“ stattfinden.

Auch von anderer Seite versuchte man den Sinn des Landesherrn zu wenden. Das Ober-Appellationsgericht sandte eine Deputation von drei Mitgliedern nach Wilhelmsbad, um der Aufrechthaltung der in ihren Grundfesten erschütterten Justiz das Wort zu leihen. Selbst aus der nächsten Nähe des Kurfürsten hatte Hassenpflug nicht alle seinem Treiben widerstrebende Elemente zu verbannen vermocht. Aber bereits war ein Einfluß, dessen Mittelpunkte außerhalb Hessens lagen, welcher einer friedlichen Lösung des Conflicts unbedingt entgegenwirkte, weil ihm eine „Bundesexecution“ in Kurhessen das Mittel für ganz andere Zwecke war, überwiegend geworden.

Unverrichteter Sache kehrte der entsandte Offizier von Wilhelmsbad zurück. Von Neuem sollte die Ausführung des Kriegszustandes in dem Lande, welches seine ruhige und ordnungsmäßige Haltung keinen Augenblick unterbrach, ihren Fortgang nehmen. In einer Ordre forderte der Oberbefehlshaber die Offiziere ausdrücklich auf, entweder zu gehorchen oder ihren Abschied zu nehmen. Da geschah es, daß fast alle Offiziere, mit wenigen Ausnahmen, gleichzeitig ihre Abschiedsgesuche einreichten. Als Männer von Ehre wollten sie mit einem Opfermuth ohne Gleichen lieber brodlos gehen, als einem so schweren Gewissensconflicte länger ausgesetzt bleiben.

Wollte das Ministerium Hassenpflug nach und trotz dieses Ausscheidens des Offiziercorps auf dem betretenen Wege weiter vorschreiten, so blieb nur noch die Hülfe des Auslandes.

Was im weiteren Laufe des Monats Oktober im Innern geschah, hatte lediglich die Bedeutung einer Vorbereitung für diese Hülfe. Das Generalauditoriat wurde suspendirt. Einzelne Beamte wurden entfernt und durch gefügigere Persönlichkeiten ersetzt. Den Finanzbehörden wurde mittelst einer Umbildung die bisherige Stellung genommen. Die von den Offizieren erbetene Entlassung wurde nur einzelnen ertheilt. Auf die Mehrzahl der Gesuche wurde nicht verfügt. Die Truppen wurden aus den nördlichen Landestheilen herausgezogen und in abgelegene Quartiere der Provinz Hanau verlegt.

Am 11. Oktober war das Bündniß von Bregenz abgeschlossen worden. Drei bayersche und ein österreichisches Corps — weit mehr Truppen als zur Bewältigung des „Aufruhrs“ in Kurhessen nöthig waren — hatten sich der Südgrenze Kurhessens genähert. Am 15. Oktober ging Hassenpflug den „Bundestag“ in Frankfurt um Hülfe an. Am 25. Oktober wurde deren Gewährung „zur Widerherstellung der gesetzlichen Ordnung“ in Kurhessen beschlossen. Aber noch schwankte der Kurfürst mehrere Tage lang, sein Land fremden Truppen zu öffnen. Trügerische Vorspiegelungen sollen auch hier endlich obgesiegt haben. Eine landesherrliche Verkündigung vom 28. Oktober, „ein Wort des Vertrauens an die geliebten Unterthanen, welche es nie an Beweisen der Treue haben fehlen lassen,“ that dem Land kund, was ihm bevorstehe.

Am 1. November begann die österreichisch-bayersche Heersäule (Hannover hatte seine Truppen marschiren zu lassen abgelehnt) in die Provinz Hanau einzurücken. An dem nämlichen Tage zogen preußische Truppen von Norden her in Kurhessen ein. „Wir kommen als Freunde!“ riefen sie, in Kassel einrückend, den Bürgern entgegen. Auch war es Jedem klar, daß diese „Bundesexecution“ nichts anderes, als ein gegen Preußens deutsche Politik und Stellung gerichteter Schlag war.

Die preußischen Truppen gingen bis Fulda vor, und schoben ihre Vorposten bis zum Dorfe Bronnzell. Was dann dort, was in Olmütz geschah, ist in Jedermanns Gedächtniß.

Mit dem Zurückweichen Preußens war die Sache des kurhessischen Volkes einem übermüthigen rücksichtslosen Feinde preisgegeben. Schritt vor Schritt überflutheten die österreichisch-bayerschen Schaaren, den Bundes-Civil-Commissar Grafen Rechberg und den kurhessischen Territorial-Commissar, Staatsrath Scheffer, den Demokraten von 1830, an der Spitze, das unglückliche Land, um die Unterwerfung der Behörden unter die September-Verordnungen zu erzwingen. Als Zwangsmittel dienten die sogenannten „Bequartierungen“, d. h. es wurden den betreffenden Personen 10, 20 und mehr Bayern in die Wohnung gelegt, um durch Besetzung der Räumlichkeiten einen unerträglichen Zustand herbeizuführen und durch ihre Beköstigung wie durch sogenannte Executionsgebühren das Vermögen derselben zu ruiniren. Bereits in Hanau war dieses Mittel in Anwendung gebracht. Vier Mitglieder des Obergerichts hatten mit Gesuchen um Abschied geantwortet, der ihnen alsbald zu Theil wurde. In Fulda ging man, durch den preußischen Widerstand gereizt, noch eifriger zu Werke. Die Bequartierungen wurden dort bei Mehreren bis auf 50 Mann gesteigert. Man begann auch bereits dieselben nicht blos als Zwangsmittel für die Unterwerfung, sondern auch als Strafe gegen mißliebige Personen, z. B. gewesene Landtagsdeputirte, in Anwendung zu bringen. Auch in Fulda nahm eine Anzahl der solchergestalt behandelten Obergerichtsmitglieder ihren Abschied. Gleiches geschah bald darauf in Marburg, so wie an verschiedenen anderen Orten. In Rotenburg, wo Graf Rechberg am schlimmsten hauste, reichten sämmtliche Obergerichts-Mitglieder, bis auf zwei, Gesuche um Entlassung ein, deren Ertheilung jedoch verzögert wurde, bis dieselben durch die allgemeine Unterwerfung erledigt wurden.

So nahte sich die „Bundesexecution“ im Dezember der Hauptstadt. Preußen schien daran gelegen, daß die Exekutionstruppen nicht bis dorthin vordrängen. Es bemühte sich deshalb, eine gütliche Unterwerfung der Hauptstadt zu vermitteln. Ein Versuch des Kabinetsrath Niebuhr blieb ohne Erfolg. Glücklicher war der bald darauf nach Kassel entsandte General v. Peucker, der in wohlwollendster Weise dort auftrat. Es gelang ihm, noch vor Eintreffen der Executionstruppen, am 19. Dezember das Ober-Appellationsgericht zu der Erklärung zu veranlassen, daß es bis zur definitiven Regulirung des Verfassungsstreites der Verordnung vom 4. September (in Beziehung auf Stempelerhebung) Folge geben werde. Das Motiv für diese Erklärung des höchsten Gerichtshofes war, daß nunmehr, da auch Preußen für sich und seine Verbündeten die Vollziehung der September-Verordnungen begehre, der vereinigte Wille Deutschlands vorliege, dem die Nachachtung nicht versagt werden könne. Damit war der Widerstand der höchsten Gerichtsinstanz beseitigt. Alle anderen Gerichte und Behörden mußten diese Erklärung als präjudiciell für sich gelten lassen und gaben die gleiche Erklärung ab.

Die Hoffnung, durch Unterwerfung die Bundesexecution von Kassel abzuhalten, ging nicht in Erfüllung. Obwohl General v. Peucker die Erklärung der Kasseler Behörden sofort in das österreichische Hauptquartier, wo inzwischen an die Stelle des Grafen Rechberg der Graf von Leiningen getreten war, abgesandt hatte, rückten dennoch am 22. December 5000 Oesterreicher und Bayern in Kassel ein. Die dem General v. Peucker abgegebene Erklärung der Behörden wurde ignorirt. Graf Leiningen forderte eine neue weitergehende Unterwerfungsakte. Die Gerichte wiederholten ihre frühere Erklärung und stellten weiterem Zwang das Abschiedsgesuch entgegen. Nach einigen Verhandlungen ward dann die Erklärung für genügend erachtet.

Mit der Besetzung der Hauptstadt war die Exekution vollendet. Nur noch eine geringe Anzahl von Beamten nahm ihren Abschied, um sich der neuen Ordnung der Dinge nicht fügen zu müssen. Am 27. December zog der Kurfürst in die Residenz wieder ein. Herr des Landes aber war der österreichische Landvogt, der k. k. Feldmarschall-Lieutenant Graf von Leiningen-Westerburg.

Die Zeit war gekommen, wo Hassenpflug und seine Freunde ihre Gegner züchtigen durften. Es geschah dies zunächst auf dem Wege der beliebten „Bequartierungen“. Zur Kirchenstunde des Neujahrstages 1851 rückten den verfassungstreuen Beamten, Stadtrathsmitgliedern und sonstigen mißbeliebigen Personen Kassels „Strafbayern“ in die Wohnungen, um längere Zeit ihre Gastfreundschaft in Anspruch zu nehmen. Sodann wurden Kriegsgerichte, nunmehr mittelst der „Bundeshülfstruppen“, in Gang gesetzt. Alle, welche in dem eben beendeten Kampfe auch nur durch die ihnen zugewiesene amtliche Stellung bemerkbar geworden, wurden vor dieselben gezogen. Es war erstaunlich, mit welcher Sicherheit Oesterreichs und Bayern's Krieger über die schwierigsten Fragen des Kurhessischen Staatsrechts entschieden, und Staats- und Gemeindebeamten, zum Theil hochgestellte, langjährige treue Diener des Kurhessischen Fürstenhauses, auch Richter, wegen der von ihnen gefällten Entscheide, ohne Ansehn der Person zu Festungsstrafen von kürzerer oder längerer Dauer verurtheilten. Es geschah dies unter den Auspicien des Kaisers, über dessen damals bewiesene „edle deutsche Gesinnung“ uns noch vor Kurzem eine Note des Grafen Rechberg, des nämlichen, dessen Leistungen wir eben gedacht haben, belehrte.

Freilich wurde ein Theil der so erkannten Strafen, namentlich die gegen Richter ausgesprochenen, von der zweiten Instanz, dem inzwischen neu besetzten General-Auditorat wieder aufgehoben. Die dort sitzenden Richter, wenn auch Parteigenossen Hassenpflug's, waren doch bedächtiger als die bewehrten Sieger über ein friedliches Land. Als aber dieses Gericht so weit ging, auch den zweiten Bürgermeister *) der Stadt Kassel freizusprechen, weil dessen „Vergehen“ vor die Verordnung vom 28. September fielen, erschien am 29. April 1851 eine neue Verordnung, welche die Verordnung vom 28. September dahin „authentisch erläuterte“, daß die durch dieselbe begründete kriegsgerichtliche Zuständigkeit auch rückwärts auf die vor derselben verübten Vergehen Anwendung finden sollte. Nunmehr fand die gewünschte Verurtheilung des Inculpaten statt. So hatten denn eine nicht geringe Anzahl von Personen des Civil- und Militärstandes, insbesondere auch die Mitglieder des landständischen Ausschusses eine Thätigkeit, die sie unzweifelhaft für Pflicht gehalten, mit Festungsstrafen, zum Theil von mehrjähriger Dauer, zu büßen; unter den Mitgliedern des ständischen Ausschusses auch der Präsident der vorletzten Ständeversammlung, der greise Schwarzenberg, ein Mann, der an der Erhebung Dörnbergs für seinen Landesherrn Theil genommen, den Heldenzug des Herzogs von Braunschweig mitgemacht und in Spanien in der englisch-deutschen Legion gekämpft und Wunden empfangen hatte.

---

*) Dieser Mann war vom Offizier zum Hofintendanten befördert, hatte aber aus nicht bekannt gewordenen Gründen kurz vor 1848 seinen Abschied erbeten. Wegen seines energischen Wirkens zur Aufrechterhaltung der Ordnung im Jahre 1848 war er in Kassel zum zweiten Bürgermeister gewählt. Wenige Jahre später verlor er durch muthiges Einschreiten bei einem Brande sein Leben.

An die Stelle der Zeitungen, welche sich bisher frei bewegt hatten, trat ein mit Actien mühselig geschaffenes Regierungsorgan, die „Kasseler Zeitung“, in welcher die Sieger täglich in maßlosen Schmähungen wider die Ueberwundenen sich ergehen durften. Die Vereine, selbst solche von rein geselliger Art, wurden geschlossen.

Wurden so die Gegner niedergeworfen, so galt es nicht minder die Freunde zu belohnen. Niedere Beamte, die sich „treu“ erwiesen, wurden mit hohen Stellen betraut. Auch Ausländer, die in Wilhelmsbad oder bei der Bundesexecution zu Diensten gewesen, wurden angestellt. Wer nicht befördert werden konnte, wurde mit Orden decorirt. Die Regierungsanhänger sammelten sich zu einem „Treubund“. An die Spitze dieses Bundes trat ein verrufener Advokat, der dafür mit einem landesherrlichen Handschreiben beehrt wurde.

Inzwischen war die Frist, welche die Verfassung nach Auflösung einer Ständeversammlung für den Zeitpunkt der neuen Wahlen vorschrieb, abgelaufen. Dieser neuen Ständeversammlung mußten nach der Verfassung die Ausnahmsverordnungen, auch wenn sie an sich zu Recht bestanden, zur Erklärung ihrer Zustimmung vorgelegt werden. Es war dies zudem ausdrücklich in den Verordnungen selbst verheißen. Auch in andern Erlassen der Regierung war darauf hingewiesen worden, daß „nur die demnächst zu berufenden Landstände über die Verfassungsmäßigkeit der Verordnungen zu entscheiden haben würden“. Da erschien (3. Febr. 1851) ein Ministerial-Ausschreiben, worin Hassenpflug bekannt machte, „daß von Seiten des Grafen von Leiningen die bestimmte Aufforderung an die Regierung ergangen sei, bei der dermaligen Lage des Kurstaates der Anordnung des Wahlverfahrens noch Anstand zu geben“. Veranlaßt war diese „bestimmte Aufforderung“ dadurch, daß Hassenpflug zuvor mittelst einer ausführlichen Denkschrift in Wien um solche gebeten hatte. Der landständische Ausschuß, welchem nach §. 81 der Verfassung die Pflicht oblag, im Falle unterbleibender rechtzeitiger Einberufung der Stände den Minister anzuklagen, versuchte eine solche Anklage beim Staatsgerichtshofe. Die Mitglieder des Ausschusses wurden in das Kastell abgeführt.

Dies Alles geschah unter den Augen des Preußischen Kommissär

General v. Peucker, der mit einem Bataillon Preußen in Kassel verblieben war. Die Wendung der Dinge, welche inzwischen in Berlin eingetreten war, veranlaßte die Ersetzung des General von Peucker durch Herren Uhden. Ein Ministerial-Ausschreiben vom 29. März machte bekannt, daß fortan Graf v. Leiningen und Herr Uhden „als Kommissare des Bundes“ der definitiven Regulirung der in Kurhessen nothwendigen Maßnahmen sich unterziehen werden.

Der Bundestag war freilich von Preußen noch keineswegs anerkannt. Es war die Zeit der Dresdner Konferenzen, auf welchen von dem Bundestag nicht als von einem wieder hergestellten, sondern als von einem wieder herzustellenden die Rede war. Dies hinderte aber nicht, daß dieser Embryo einstweilen in Kurhessen seine Functionen übte. Auch von anderer höchst kompetenter Seite wurde dem Kurhessischen Volke schon jetzt durch freimüthige Enthüllung der wahren Natur der verhängten „Bundesexecution“ eine seltsame Genugthuung zu Theil. Am 1. Mai 1851 erklärte der Königl. bayersche Minister v. d. Pfordten in der bayerschen Kammer: „Was wir in Hessen gethan, haben wir nicht um der hessischen Frage willen gethan. Auf kurhessischem Boden ist die deutsche Frage zur Entscheidung gebracht worden, und wenn das bayersche Ministerium nicht allen seinen Ueberzeugungen in der deutschen Frage untreu werden wollte, so mußte es so handeln. Die Möglichkeit, uns eine große Zukunft zu bauen, wäre vernichtet von dem Augenblick an, wo Nord- und Süddeutschland in politischer Gestaltung entschieden getrennt und auseinandergerissen wären; und damit dieses nicht geschehe, deshalb sind die bayerschen Fahnen in Kurhessen entfaltet worden!“ Das war in der That offen geredet. Aber auch dies hinderte nicht, daß die bayerschen Truppen in Kurhessen zu hausen fortfuhren, als ob ihre Invasion nicht der deutschen Frage, d. h. Preußen, sondern einer kurhessischen Rebellion gegolten habe. Hatte doch inzwischen ein Mitglied des preußischen Ministeriums, welches noch in seiner Note vom 26. September 1850 die Vorgänge in Kurhessen als „das Gefühl der Unsicherheit des Rechtszustandes steigernd und Verwirrung selbst in die Gewissen treuer Unterthanen bringend“ bezeichnet hatte, sich zu der Ansicht bekehrt, daß man die Bewegung in Kurhessen auch für eine „Revolution in Schlafrock und Pantoffeln“ halten könne!

Erst im Juni kam die förmliche Wiederherstellung des Bundestags durch Einigung sämmtlicher deutschen Regierungen zu Stande. Am 11. Juni faßte der erneute Bundestag einen Beschluß, welcher mittelst eines vorläufig auf sechs Wochen beschränkten Kommissoriums den Regierungen von Oesterreich und Preußen die fernere Leitung und Vorbereitung der kurhessischen Angelegenheit zu ihrer definitiven Erledigung übertrug.

Graf v. Leiningen und Herr Uhden waren nun „die beiden Kommissare von Oesterreich und Preußen, als der durch Bundesbeschluß vom 11. Juni 1851 dazu (?) bevollmächtigten hohen Regierungen“. So wurden sie in den kurhessischen Erlassen bezeichnet.

Weder die Aktenstücke, auf welche das Ministerial-Ausschreiben vom 29. März sich gründet, noch der Bundesbeschluß vom 11. Juni sind jemals in Kurhessen publicirt worden.

Bisher war man von der Ansicht ausgegangen, die „Rebellion“ in Kurhessen sei eine Auflehnung der „pflichtvergessenen“ Stände und der Beamten. Hatte doch der Kurfürst in seiner landesherrlichen Verkündigung vom 28. Oct. 1850 ganz in diesem Sinne zu seinem Volke, „das es nie an Beweisen seiner Treue habe fehlen lassen,“ geredet. Hatte doch Graf Rechberg beim Einrücken der Bundes-Truppen in einer Proklamation in gleichem Sinne gesagt: „das kurhessische Volk hat sich von jeher durch Ordnungsliebe, Treue und Anhänglichkeit an sein angestammtes Fürstenhaus ausgezeichnet.“ Hatte doch im ganzen Lande während der ganzen „Rebellion“ nicht die geringste Ruhestörung stattgehabt. War nun das Volk unschuldig, waren nur Stände und Beamte die Schuldigen, so mußten diese entfernt oder bestraft, dem Volke aber mußten seine Rechte gelassen werden. Es mußte das um so mehr geschehen, als ja die Ausnahmemaßregeln ausdrücklich „um die Verfassung über den Abgrund zu führen“, „um deren

Bestand zu sichern," verfügt waren; als die kurhessische Regierung auch noch in einer Verkündigung vom 10. September 1850 an die Gemeinden erklärt hatte: „die Staatsregierung sei sich der unzweifelhaften Verpflichtung tief bewußt, die Landesverfassung, wie solche durch die Verfassungsurkunde begründet sei, aufrecht zu erhalten". Auch die Regierungen der Staaten, welche die Bundesexecution ausführten, hatten gleiche Erklärungen zur Rechtfertigung ihres Vorschreitens durch ihre Organe (z. B. durch die N. Münch. Zeit.) in die Welt geschickt. Die Stände waren längst durch Heimsendung unschädlich gemacht. Auch die aufrührerischen Beamten waren theils entsetzt oder abgetreten, theils bestraft. Den noch nicht bestraften wurde, so weit sie sich nur „einfacher Unfolgsamkeit" wider die September-Verordnungen schuldig gemacht, durch eine Verordnung vom 26. Juni 1851 „Amnestie" bewilligt; auch den Offizieren, welche einfach um ihren Abschied nachgesucht, „landesherrliche Verzeihung" ertheilt. Dem Allen lag doch unzweifelhaft die Ansicht zu Grunde, daß die stattgehabten Wirren Schuld der Personen seien, welche den bestehenden Rechten nicht nachgekommen. Was konnte nun noch den Grund dazu abgeben, das bestehende Recht selbst einer Anklage und Verurtheilung zu unterwerfen?

Angenommen jedoch, man habe, neben Abstrafung der Personen wegen unzweifelhafter Mißdeutung gewisser Verfassungsbestimmungen, diese Verfassungsbestimmungen doch wieder für so zweifelhaft erachten können, daß eine authentische Interpretation derselben im Sinne der Regierung nöthig geworden; angenommen ferner, es sei von dem Standpunkt der verfügten Bundesexecution aus nothwendig erschienen, gewisse Verfassungs- oder Gesetzesbestimmungen, durch welche die „Rebellion" begünstigt worden, positiv zu beseitigen: so ließen sich doch ohne Zweifel diese herausfinden, so gut wie man unter den Personen die „schuldigen" herauszufinden sich hatte entschließen müssen. Die schuldig gefundenen Verfassungsbestimmungen aber ließen sich abändern, unbeschadet des Bestandes der Uebrigen.

Wie verhielt sich nun statt dessen das Ministerium nebst den Bundes-Commissaren? Von Aufrechthaltung der Verfassung war keine Rede mehr. Man fand jetzt, daß sich mit dieser Verfassung „nicht regieren lasse“, daß sie „bundesgesetzwidrig“ sei. Es bestand jetzt die unzweifelhafte Verpflichtung, nicht mehr dieselbe zu erhalten, sondern sie zu beseitigen. Nachdem man erst die Beamten bestraft, trug man kein Bedenken, nun auch das „treue“ Volk zu strafen, dadurch daß man ihm sein Recht nahm. Die Aufgabe der Bundescommissare, die „gesetzliche“ Ordnung herzustellen, faßte man auf, als ob es sich dabei um eine Ordnung ex lege ferenda handele. Und nicht einzelne Bestimmungen unternahm man zu ändern, das ganze öffentliche Recht des Landes ward als tabula rasa angesehen, auf der man beliebig schalten und walten könne. Weil eine „Rebellion“ stattgehabt, galt der gesammte Rechtszustand für verfallen. Weil man über einzelne Verfassungsparagraphen gestritten und das Land den Proceß verloren hatte, glaubte man die gesammte Verfassung und noch viele Gesetze dazu als Beute einstreichen zu dürfen. Nicht etwa blos bis zum Jahre 1831, sondern auf das Organisationsgesetz vom Jahre 1821, auf das Haus- und Staatsgesetz von 1817, und selbst bis zum landesherrlichen Edict von 1743 ging man zurück, Alles hinwegräumend, was der Ausübung einer Regierungsgewalt nach Belieben im Wege stand. In Kurhessen sollte ein „ständischer“ Musterstaat geschaffen werden, wie ihn sich nur die erhitzteste Phanthasie unter den Leiden der Jahre 1848 und 49 hatte ersinnen können.

Die neue Legislation für Hessen begann mit einer Reihe von „Verordnungen“ und „provisorischen Gesetzen“.

Die Verordnungen, „auf Veranlassung“ der Bundescommissare erlassen, hatten vornehmlich Abänderungen und Erläuterungen einzelner Verfassungs-Bestimmungen zum Gegenstand, welche später auch in die provisorische Verfassung von 1852 übergingen. Es kam vor Allem auf die Aufhebung des Verfassungseides und des Staatsdienstverhältnisses der Offiziere an. Der von den Offizieren auf die Verfassung geleistete Eid wurde durch Verordnung ihnen für erlassen erklärt, und eine neue Beeidigung derselben angeordnet.

Die als „provisorische Gesetze“ titulirten Erlasse, welche „mit Zustimmung“ der Bundeskommissare, und „unter dem Vorbehalte der demnächst einzuholenden landständischen Zustimmung" ergingen, verfügten neue organische Einrichtungen. Die Mitwirkung der Stände bei Besetzung des Ober-Appellations-Gericht und die Unversetzbarkeit der Ober-Appellations-Räthe wurden beseitigt. Die Polizeigewalt wurde den Gemeindebeamten entzogen. Der Staatsdienst, die Landesverwaltung und Gerichtsverfassung, einschließlich des Kriminal- und Civilprozesses, wurden einer umfassenden Umbildung unterworfen. Die ganze Tendenz dieser Gesetzgebung läßt sich kurz dahin bezeichnen: die gesammten Staatsdiener, für ihre Person sowohl, als in ihrer amtlichen Thätigkeit, in die möglichste Abhängigkeit von den Aufsichtsbehörden zu bringen, und der geringen Minorität, über welche das Ministerium verfügte, die Herrschaft zu sichern. Für Staatsdienstvergehen — und zu einem solchen wurde "jede feindselige Parteinahme wider die Regierung" erhoben — traten an die Stelle der ordentlichen Gerichte Disciplinarhöfe mit wechselnden Mitgliedern. Die Macht der Kollegien wurde dadurch gebrochen, daß man fast überall eine starke Direktorialgewalt einführte. Wo man aber Kollegien lassen mußte, wurde die Einrichtung meist so getroffen, daß der Direktor dieselben nach Bedürfniß des Falles zusammensetzen konnte.

Zum Schluß wurde durch zwei Ministerial-Ausschreiben vom 30. Juli 1851 "auf Veranlassung der beiden Kommissare" — deren Kommissorium übrigens bereits am 23. Juli abgelaufen war — jede Thätigkeit des permanenten landständischen Ausschusses bei kriegsrechtlicher Ahndung untersagt; ferner wurde "allen Behörden jede amtliche Erörterung oder Berührung der Kompetenzfrage bezüglich der Bundesaction," so wie "jede Kognition über die Gültigkeit der in Folge derselben erlassenen Verordnungen und provisorischen Gesetze," bei Aufruhrstrafe verboten.

Im September wurde die Umgestaltung der Verwaltung, im November die der Justiz in's Werk gesetzt. Durch das provisorische Gesetz vom 14. Juli hatte sich die Regierung die Befugniß beigelegt, Staatsdiener — auch die bereits angestellten, welche ein wohlerworbenes Recht auf ihr ungeschmälertes Gehalt hatten — bei Organisations-Veränderungen mit drei Viertheilen ihres Gehaltes auf Wartegeld zu setzen. Davon wurde natürlich bald gegen die Mißliebigen reichlich — man zählt an 20 bis 30 Fälle — Gebrauch gemacht. Andere, die diesem Schicksal entgingen, wurden in entlegene Orte geschickt. Selbst das Ober-Appellationsgericht wurde einer Reihe von Mitgliedern beraubt. In die erledigten Stellen rückten überall die Anhänger Hassenpflug's ein, die zum Theil glänzende Avancements machten.

Auf solche Weise vermochte man unbedingt über das Land zu verfügen. Man bedurfte nun der fremden Truppen nicht mehr. Neun Monate hatten sie im Lande geweilt. Um Jahre war dessen Wohlstand zurückgekommen.

Der Streit, welcher im Sommer 1850 zwischen der Regierung und den Ständen ausgebrochen war, ist weder aus den Bestimmungen der Verfassung noch aus den inneren Verhältnissen Kurhessens überhaupt entsprungen. Derselbe verdankte seinen Ursprung wesentlich Motiven, welche außerhalb der hessischen Verfassung und außerhalb Hessens lagen.

Es handelte sich darum, Hessen die Union mit Preußen verlassen zu machen, in weiterer Aussicht die Union zu vernichten und Preußen unter die Autorität des Bundes zu beugen. Hessen aus der Union zu ziehen war unmöglich, so lange das Ministerium Eberhard am Ruder und die Vertretung des Landes unionistisch war.

Das Ministerium Eberhard war entlassen und der Verfassungsstreit veranstaltet worden, um die unionistische Vertretung beseitigen zu können.

Zu diesem Zweck war am 23. Februar 1850 der Präsident des Appellationsgerichts zu Greifswald, der sich damals wegen Fälschung in Untersuchung befand, Hassenpflug, zum leitenden Minister ernannt worden. Der Name dieses Mannes konnte und sollte allein genügen, den Widerstand des Landes heraus zu fordern.

Hassenpflug's Erklärung vom 27. März im Verwaltungsrathe zu Erfurt stellte das Verhältniß Hessens zur Union in Frage und sein

Verhalten auf dem Fürstentage zu Berlin in den ersten Tagen des Mai konnte über den bevorstehenden Austritt Kurhessens aus der Union keinen Zweifel mehr lassen.

In jener Landtagssitzung vom 12. Juni hatte der Landtags-Kommissar die Berathung und Beschlußfassung über die Finanzvorlage der Regierung verlangt, ehe der schon fertige Bericht des Budgetausschusses gedruckt und vertheilt war, und als diesem Verlangen nicht willfahrt wurde, hatte der Landtags-Commissar den Landtag noch an demselben Tage aufgelöst.

Hassenpflug hatte seinen Zweck erreicht, die unionistische Vertretung des Landes war aufgelöst. Der Grund für die Eilfertigkeit der Maßregel lag in einem Bericht des Verfassungs-Ausschusses der Stände, dessen Berathung im Plenum verhindert werden sollte. Dieser Bericht deckte die Bestrebungen Hassenpflug's gegen die Union auf, forderte ihn auf, die mit Bayern und Oesterreich über die Reactivirung des Bundestags gepflogenen Berathungen vorzulegen und den beabsichtigten Bundestag nicht zu beschicken. Am 28. Juni erklärte Hassenpflug den Austritt Kurhessens aus der Union.

Gleich nach jenen Verhandlungen mit den Ständen in den letzten Tagen des August, welche den lange von Hassenpflug vorbereiteten Konflikt endlich zum Ausbruch brachten, hatte Graf Brandenburg in den Noten vom 12., 21. und 26. Sept. die Regierung Kurhessens auf die Gefahr hingewiesen, durch eigenes Unrecht den Gegner zum Unrecht herauszufordern. Vergebens beklagte er, daß die Maßregeln der kurhessischen Regierung Verwirrung in die Gewissen treuer Unterthanen gebracht hätten, vergebens verlangte er die rechtliche Entscheidung der Kontroverse im Wege der Verfassung; vergebens erinnerte er, daß solches Verfahren einer deutschen Regierung nur den revolutionären Tendenzen Vorschub leisten könne. Der Hauptzweck der Politik Hassenpflug's war die Sprengung der Union, die Wiederherstellung des Bundes, die Geltendmachung der Autorität der hergestellten Bundesversammlung. Und dieser Zweck war erreicht worden. Die Bundesversammlung erwies sich nicht undankbar gegen einen Mann, der ihr so wichtige Dienste geleistet hatte.

Der Bericht des Bundesausschusses über den in Kurhessen ausgebrochenen Verfassungsstreit (7. März 1852) hält sich in mäßigen, aber äußerst unbestimmten Grenzen in Bezug auf die Bundeswidrigkeit der Verfassung von 1831. Er räth der Bundesversammlung vorerst, auf eine vollständige Prüfung der Bestimmungen dieser Verfassung nicht einzugehen, sondern bei der Thatsache stehen zu bleiben, daß die Ausführung ihrer Vorschriften zu vollständiger Auflösung der landesherrlichen Autorität geführt habe. Demnach sei dieselbe mit den Grundgesetzen des Bundes unvereinbar und außer Wirksamkeit zu setzen. Die Regierung Kurhessens möge ermächtigt werden, die ihrerseits mit den beiden Kommissaren berathene Verfassung zu publiciren und diese den demnächst nach Maßgabe derselben zu berufenden Ständen vorzulegen. Durch die einzuleitenden Berathungen werde die Aussicht begründet, die leicht möglichen Zweifel über die Grenzlinie der Bundeswidrigkeit zu heben. Der Ausschuß gesteht darnach selbst die Unbestimmtheit dieser Grenzlinie zu und hilft sich über die Schwierigkeit, dieselbe festzustellen, dadurch hinweg, daß er eine Thatsache voraussetzt, welche nicht stattgefunden hat und einen Causalnexus, welcher bewiesen werden mußte. Ueber die Kompetenz des Bundes dagegen empfindet der Ausschuß nicht den mindesten Zweifel. Er führt aus, daß der Bundestag wie über dem landständischen Mitwirkungsrecht, so über dem landesherrlichen Gesetzgebungsrecht als eine höhere und unparteiische Instanz stehe. Diese legislative Omnipotenz des Bundes kann wohl behauptet, aber nicht aus dem Bundesrecht bewiesen werden. Die demnächst zu entscheidende Frage, welche Bestimmungen der Verfassung von 1831 bundeswidrig seien, welche nicht, war vom Ausschuß umgangen. Die Bundesversammlung umging dieselbe in ihrem Beschluß vom 27. März 1852 wie der Ausschuß. Derselbe lautet in den wesentlichen Punkten wörtlich:

2. Die Bundesversammlung erklärt kraft der nach Artikel 61 und 27 der W. Schl.-A. ihr zustehenden Kompetenz, indem sie in dem Mangel einer bundesgesetzmäßigen Ordnung der Verfassungs-Verhältnisse des Kurfürstenthums die Veranlassung der eingetretenen Unruhe erkennt, daß die Verfassungs-Urkunde vom 5. Januar 1831 nebst den

in den Jahren 1848 und 1849 dazu gegebenen Erläuterungen und daran vorgenommenen Abänderungen und sammt dem Wahlgesetze vom 5. April 1849 in ihrem wesentlichen, jedoch von dem übrigen nicht wohl zu trennenden Inhalte mit den Grundgesetzen des deutschen Bundes, insbesondere mit den Vorschriften der Art. 54. 57 und 58 der W. Schl.=A. nicht vereinbar und daher außer Wirksamkeit zu setzen ist.

3. Demgemäß, nach der über die Revision der Verfassung zwischen der kurfürstlichen Regierung und den Bundes=Kommissaren stattgehabten Berathung wird die kurfürstlich hessische Regierung aufgefordert, nachdem von ihr der Inhalt des vorstehenden Ausschußberichtes in Erwägung gezogen sein wird, eine dem Resultate dieser Berathung entsprechende revidirte Verfassung für das Kurfürstenthum Hessen nebst Wahlgesetz und Geschäftsordnung an die Stelle der seitherigen ohne Zögerung als Gesetz zu publiciren, dieselbe der in Gemäßheit dieser Verfassung und des Wahlgesetzes einzuberufenden Ständeversammlung zur Erklärung vorzulegen und von dem Resultate dieser Erklärung, eventuell der etwaigen weiteren Verhandlung bei der demnächstigen Nachsuchung der Garantie des Bundes für die revidirte Verfassung des Kurfürstenthums der Bundesversammlung Mittheilung zu machen.

4. Die Bundesversammlung ertheilt jedoch dem Entwurf der revidirten Verfassung zur Zeit nur im Allgemeinen ihre Zustimmung, ohne über die Billigung aller in demselben enthaltenen einzelnen Bestimmungen sich auszusprechen.

5. Die kurfürstliche Regierung wird ersucht, über den Erfolg der zur Befestigung der wiederhergestellten gesetzlichen Ordnung getroffenen Maßregeln, so wie über die Beendigung des verhängten Kriegszustandes, sobald solche zulässig sein wird, demnächst nähere Mittheilung an die Bundesversammlung machen zu lassen.

6. Nach Maßgabe der ad 3 und 5 dieses Bundesbeschlusses zu erwartenden Mittheilungen behält sich die Bundesversammlung in Rücksicht ihrer Einwirkung auf eine beruhigende definitive Erledigung der Verfassungs=Angelegenheit des Kurfürstenthums die weitere Beschlußnahme vor.

Die Bundesversammlung „behielt sich die weitere (d. h. definitive)

Beschlußnahme vor". Es war eine vorläufige, es war keine definitive Ordnung der kurhessischen Frage; es war die Einleitung, es war nicht die Entscheidung des Prozesses von Seiten des Bundes.

Die kurhessische Regierung publicirte die neue Verfassung, welche ihre bisherigen Arbeiten zu krönen bestimmt war, unter dem 13. April 1852. Diese neue provisorische Verfassung hatte allerdings unzweifelhaft die alte von 1831 zur Grundlage. Aber nur die für das Land unerheblichen Bestimmungen waren in die neue unverändert übergegangen. Fast alles Andere war entweder weggelassen, oder so umgestaltet, daß es zu einem wirksamen Schutz sowohl als zu einer ernsthaften und heilsamen Mitarbeit der Bevölkerung am Wohle des Staates unbrauchbar wurde. Und was etwa noch an Bestimmungen in dieser Richtung scheinbar stehen geblieben war, hatte meist eine so trügerische Fassung erhalten, daß es einer jeden Auslegung fähig erschien.

In Bezug auf die Anordnung einer Regentschaft im Falle der Verhinderung des Landesherrn an eigener Ausübung der Regierung wurde völlig freie Hand gelassen. Die allgemeinen Rechte der Unterthanen, desgleichen die Garantien des Staatsdienstes, waren in der neuen Verfassung gestrichen. Der "Genuß der bürgerlichen und staatsbürgerlichen Rechte" sollte fortan von dem "christlichen Glaubensbekenntnisse abhängig" sein.

Der Rechtsweg war mittelst eines Paragraphen von sehr geschrobener Fassung für alle Fälle ausgeschlossen, in denen die Rechtsverletzung auf einer Anwendung der Staats- und Hoheitsgerechtsame beruhe. Ueber die Zulässigkeit des Rechtsweges aber sollte ein Kompetenzhof entscheiden. Als Landesvertretung wurde an die Stelle der bisherigen einen Ständeversammlung das für Großstaaten gewiß sehr angemessene Zweikammersystem gesetzt. Die Zustimmung der beiden Kammern auf dem Gebiet der Legislation wurde nur für solche Gesetze, "welche die Privatrechte, die Steuern oder die Rechtspflege ändern;" auf dem Gebiet der Besteuerung, nur "zur Erhöhung der jetzt bestehenden oder zur Einführung neuer Steuern" für erforderlich erklärt. Einmal eingeführte neue Steuern sollten ein für allemal bestehen bleiben, bis die Regierung in deren Beseitigung einwillige. Die ministerielle Kontrasignatur sollte alle landesherrlichen Anordnungen, „sowohl für die Gerichte, als für alle anderen Staatsbehörden,“ unbedingt vollziehbar machen, — und diese Bestimmung war in einer Fassung gegeben, nach welcher die Regierung auch den Gerichten ihre Erkenntnisse in jeder einzelnen Sache diktiren konnte. Den Landständen wurde nur das Recht vorbehalten, „wegen des Erlasses von Verordnungen mit der Regierung in Verhandlung zu treten.“ Der bleibende landständische Ausschuß war beseitigt. Die Ministeranklage wurde an „übereinstimmende Beschlüsse beider Kammern“ geknüpft, und auf den Fall einer „absichtlichen Verletzung einer positiven Vorschrift der Verfassungsurkunde“ beschränkt. Ueber zweifelhafte Verfassungsbestimmungen sollte die Bundesversammlung entscheiden, bis zu solcher Entscheidung aber der von der Regierung angenommene Sinn gelten. Endlich ward in dem Abschnitt „vom Staatshaushalt“ das im Jahr 1831 vertragsmäßig getheilte Haus- und Staatsvermögen nunmehr wieder unter dem Namen eines „landesherrlichen Vermögens“ zusammengefaßt, und das Verhältniß so hingestellt, daß es über die Verwendung der Einkünfte aus demselben einer neuen Vereinbarung bedürfe. Bis zu deren Bewirkung sollte zwar für die Verwaltung und Verwendung jenes Vermögens (ob auch der Einkünfte? — ist nicht gesagt) die im Jahre 1831 getroffene Uebereinkunft „die Grundlage“ bilden, jedoch nur „wie sie in den folgenden Paragraphen enthalten sei.“ In diesen folgenden Paragraphen war aber der Inhalt jener Verträge nur in modificirter und zum Theil entstellter Weise wiedergegeben. Danach nahm die Regierung insbesondre das Recht in Anspruch, die zur Radicirung der Hofdotationssummen zu bestimmenden Domainen, welche sie jetzt, statt zum „Staatsvermögen,“ zum „Hausfideicommiß“ rechnete, einseitig auszuscheiden, und jederzeit aus dem Staatsvermögen zu ergänzen.

Hassenpflug hatte sich als Meister erwiesen in der Kunst, Gesetze zu machen, „mit denen sich regieren läßt.“ Hätte man eine Travestie der Verfassung von 1831 anfertigen wollen, sie hätte kaum besser beschafft werden können.

Hassenpflug hatte Alles erreicht, was er wünschen konnte. Todtenstille herrschte im Lande. Der Kriegszustand wurde bis zum 19. Dezember 1854 — volle vier Jahre — beibehalten. Gleichzeitig mit dessen Aufhebung erschienen „Verordnungen zur Vollziehung“ der inzwischen publicirten Bundesbeschlüsse vom 6. Juli 1854, die Presse und das Vereinsrecht betreffend, in welchen der Inhalt dieser Beschlüsse falsch interpretirt und verschärft ausgedehnt war.

Das Regierungssystem, welches jetzt zur Geltung kam, vollständig zu schildern ist nicht gut möglich. Vieles eignet sich nicht zur Veröffentlichung. Manches birgt sich noch in den Akten der Verwaltung und tritt nur nach und nach in den Folgen zu Tage. Erwähnen wollen wir zunächst der Koncessionsentziehungen, durch welche mißliebige Personen des Bürgerstandes bestraft wurden. Auf Grund der oben angeführten die Presse betreffenden Verordnungen wurde einer Anzahl Kasseler Buchdruckereibesitzern ihr seit langen Jahren in Gang befindlicher Geschäftsbetrieb genommen, obgleich keineswegs die Voraussetzungen vorlagen, unter welchen der Bundesbeschluß selbst eine Koncessionsentziehung gestattet. Die Wirthschaften, die bisher von Privaten auf Koncession ausgeübt waren, wurden im ganzen Lande zu einem nutzbaren Staatsregal gemacht, indem die Regierung sie überall meistbietend verpachtete. Solchen Eingriffen standen dann wieder Fälle der unglaublichsten Konnivenz gegenüber. So die Thatsache, daß dem Leihhaus zu Kassel, einer damals schon zerrütteten Anstalt, die aber unter Direktion eines hochgestellten, reichen und wohlwollenden, mit Hassenpflug befreundeten Mannes stand, die Ausgabe von mehreren hunderttausend Thalern Papiergeld ohne Beschränkung und Kontrolle gestattet wurde; daß sogar Hassenpflug einer vom Landesherrn angeordneten Revision der Anstalt mittelst der auffallendsten Gründe zu begegnen wußte.

Die schlimmste Seite des Systems lag in der Depravation der Behörden. Sie war die natürliche Folge davon, daß man bei Beförderungen das Gewicht immer nur auf die „Regierungstreue“ legte, und auf Grund solcher Gesinnung, Incapacitäten zu den wichtigsten Posten erhob. Das mußte sich natürlich in der gesammten Thätigkeit der Staatsorgane von Tag zu Tage fühlbarer machen. Die verfehlten

Grundsätze, welche von den solchergestalt besetzten höheren Gerichts- und Verwaltungsstellen ausgingen, mußten unkrautartig das ganze Land überwuchern. Gab es doch jetzt auch Richter mit theilweise entziehbarem Gehalt, nachdem die Kriminal-Direktoren, die wichtigsten Personen in der ganzen Strafrechtspflege, zum Theil mit „Funktionszulagen“ für die Dauer dieser ihrer Stellung versehen worden waren.

Nach der neuen Verfassung sollte über die Frage, ob eine Sache zur Rechtssprechung sich eigne, ein noch zu bildender Kompetenz-Gerichtshof entscheiden. Man beeilte sich indeß nicht, diesen zu bilden. Die Sachen, in welchen die Regierung Kompetenz-Konflikt erhob, d. h. die Rechtsprechung sich verbat, blieben einfach liegen. Dieser Zustand dauerte länger als anderthalb Jahre. Endlich, als dem Vernehmen nach ein höheres Gericht ein Erkenntniß gab, wonach es bis zur Einsetzung des Kompetenzgerichtshofes sich selbst jene Entscheidung vindicirte, entschloß man sich, durch eine Verordnung vom 1. Dezember 1853 den Kompetenzhof in's Leben treten zu lassen. Es verstand sich von selbst, daß dessen Mitglieder ganz im Sinne Hassenpflug's ausgewählt wurden. Die auserwählten waren aber überdies zum Theil so gründliche Arbeiter, daß in den vielen dorthin verwiesenen Sachen äußerst spärliche Erkenntnisse zu Tage gekommen sind.

Hand in Hand mit diesem politischen Regiment ging eine fast noch schlimmere Thätigkeit auf kirchlichem Gebiet. An der Spitze derselben stand der Freund Hassenpflug's, der Ministerialreferent und Superintendentur-Verweser Vilmar, der, nachdem es ihm nicht gelungen war, für seine Bestrebungen den anscheinend günstigen Wind des Jahres 1848 einzufangen, jetzt mit dem Sturmwind der Hassenpflug'schen Bestrebungen segelte. Durch Erweiterung der Kompetenz der Superintendenten auf Kosten der Konsistorien war ihm ein fast maßloser Einfluß eröffnet. Zunächst wurde das „christliche Glaubensbekenntniß“, von welchem nach §. 20 der neuen Verfassung der Genuß der „bürgerlichen und staatsbürgerlichen Rechte“ abhängig sein sollte, dahin interpretirt, daß darunter nur das Glaubensbekenntniß der drei anerkannten christlichen Konfessionen zu verstehen und danach den Dissidenten alle politischen Rechte zu entziehen seien. Die Privatrechte sollten ihnen zwar gelassen werden, indem — wie Hassenpflug zur Aufrechthaltung jenes §. 20 den Ständen gegenüber erklärte — die „bürgerlichen“ Rechte von den „blos bürgerlichen“ Rechten, d. h. den Privatrechten zu unterscheiden seien. Zugleich aber belehrte ein Justiz-Ministerial-Beschluß vom 2. Oktober 1852*) sämmtliche Gerichte, daß die Dissidenten unfähig seien, einen Eid zu leisten, d. h. daß dieselben, wenn sie ihre Privatrechte vor Gericht zu vertreten hätten und dadurch in die Lage kämen, schwören zu müssen, den Prozeß zu verlieren hätten.

Aber auch innerhalb der „anerkannten Kirchen“ sollte nur ein anderes Christenthum, als das bisherige, Berechtigung finden; statt eines Christenthums des Herzens nur das der äußeren Rechtgläubigkeit und der Formeln. Um diesen Umschwung zu bewerkstelligen, wurden alte Kirchenordnungen aus dem Staube hervorgezogen, und die Hebel überall da angesetzt, wo das bürgerliche Leben mit der Kirche in Berührung tritt. Der Schulunterricht wurde in diesem Sinne reorganisirt. Taufpathen sollten, ehe sie als solche zugelassen, einer Glaubensprüfung unterworfen werden, Brautleute vor der Kopulation ein Examen aus dem Katechismus bestehen. Wer einen Eid vor Gericht zu leisten hatte, sollte bei der Belehrung durch den Geistlichen erst seine Rechtgläubigkeit an den Tag legen, und wenn er nicht bestand, für eidesunfähig erklärt werden, d. h. den Prozeß verlieren. Die Kirchenbußen wurden hergestellt, und wer sich denselben nicht unterwarf, mit einer Excommunication belegt, deren Formel sich den Bannsprüchen des Mittelalters an die Seite stellt. Das Ziel war, in dem geistlichen „Amte“ auch für den Protestantismus eine Macht zu schaffen, wie sie nur jemals der katholische Clerus besessen hatte. Hand in Hand mit diesem Vorschreiten wider das Laienthum gingen die widerwärtigsten dogmatischen Streitigkeiten mit demjenigen Theil der Geistlichkeit, welcher sich dieser extremen Richtung nicht anschließen wollte. Kurhessen, in welchem Fürst und

---

*) Strippelmann, Gerichtseid I. S. 300. Daselbst S. 307. Note 39 wird noch ein weiterer Ministerial-Beschluß vom 4. Febr. 1853 erwähnt, wodurch den (in der Gegend von Marburg zahlreichen) Taufgesinnten eröffnet wurde, „daß die Absonderung der Glieder ihrer Gemeinschaft von der Kirche die Anerkennung ihrer Eidesfähigkeit verhindere.“

Volk sich Jahrhunderte lang für reformirt gehalten, wurde nun plötzlich belehrt, daß es eigentlich „lutherisch“ sei. Unbefangene aber glaubten zu erkennen, daß diese „lutherische“ Lehre Vilmar's dem Katholicismus stark zuneige.

Das waren die politischen und kirchlichen Zustände während der Jahre 1852 und 1853. Wenn gleichwohl nicht Alles geschah, was in der Konsequenz des Systemes lag oder der Tendenz der Machthaber entsprach, so beruhte dies auf verschiedenen Gründen. Zunächst auf Verhältnissen, welche es jedem Ministerium in Kurhessen unmöglich machen dürften, irgend ein System in starrer Konsequenz durchzuführen; sodann gewiß auch auf der provisorischen Natur der Rechtsgrundlagen, zufolge deren man vielfach Bedenken tragen mochte, schon jetzt mit der ganzen Macht, die man in Händen hatte, vorzugehen. So z. B. blieben alle die landesherrlichen Vermögensverhältnisse und Aehnliches betreffenden Bestimmungen der neuen Verfassung vorläufig unausgeführt. Endlich war es auch Hassenpflug trotz aller Bemühungen nicht gelungen, sich überall völlig gefügige Werkzeuge zu schaffen. Namentlich scheiterten manche, man darf wohl sagen unerhörte politische Verfolgungen an der Beharrlichkeit einzelner Gerichte. Noch war der ehrenhafte Sinn, den ein zwanzigjähriges geordnetes Rechts- und Verfassungsleben Kurhessens erzogen und genährt hatte, nicht ganz verschwunden.

Nach der provisorischen Verfassung bestand der Landtag aus zwei Kammern. In die erste Kammer sind alle diejenigen berufen, welche in der Verfassung von 1831 die erste Kurie der alten Landstände repräsentirten; die Prinzen des Hauses, die Standesherrn, die Ritterschaften; als Vertreter der Universität deren Vize-Kanzler. Neu hinzugefügt waren der Bischof von Fulda und die evangelischen Superintendenten von Kassel, Marburg und Hanau. Die in der provisorischen Verfassung vorgesehenen „vom Landesherrn erblich ernannten Mitglieder der ersten Kammer, deren jährliches Einkommen aus inländischem fideicommissarischem Grundbesitz mindestens 6000 Thlr. beträgt“; sind aus Mangel dazu geeigneter Personen nicht eingetreten.

Die zweite Kammer sollte aus 16 Abgeordneten von Besitzern größerer Gütercomplexe von mindestens 200 Aeckern; 16 Abgeordneten der Städte und 16 Abgeordneten der Landgemeinden bestehen.

Bei der schon an sich so schwachen Vertretung der Städte ist wieder die Zurücksetzung der größeren gegen die kleineren auffallend. Den Städten Kassel und Hanau, die bisher zwei Deputirten gestellt, war nur einer belassen. Unbedeutende Städte dagegen, die früher nur mit andern zusammen einen Deputirten wählten, stellten jetzt selbständig einen solchen.

Für die Städte ist die Wahlkörperschaft zusammengesetzt aus der Gesammtheit der Mitglieder der Gemeindebehörden (Gemeinderath und Gemeindeausschuß) und einer gleichen Anzahl von Zunft- und Gildemeistern, endlich aus unzünftigen Fabrikbesitzern und Großhändlern, diese jedoch höchstens in der Zahl von einem Dritttheil der zünftigen Wähler.

Für die Landbevölkerung bildet sich der Wahlkörper aus sämmtlichen Ortsvorständen und Ausschußvorstehern der betreffenden Gemeinden.

Alle Wahlkörper haben die Abgeordneten aus ihrer Mitte zu wählen.

Im Juli 1852 trat der nach diesem Wahlgesetze zusammenberufene Landtag zusammen, dessen Erklärung nach Absatz 3 des Bundesbeschlusses vom 27. März 1852 die kurhessische Regierung dem Bundestage vorlegen sollte.

Die erste Kammer wurde nur spärlich besucht. Keiner der berufenen Prinzen und Standesherrn erschien persönlich. Nur einige derselben (zum Theil auf dringendes Betreiben der Regierung) sandten Vertreter, Männer aus der Ritterschaft. Auch der Bischof von Fulda blieb den Verhandlungen fern. Diese und andere Lücken ließen die Kammer fast fortwährend an der Grenze der Beschlußunfähigkeit schwanken. Als Superintendentur-Verweser von Kassel saß Vilmar in der Kammer.

Die Wahl der zweiten Kammer geschah unter den für die Regierung günstigsten Verhältnissen. Der noch fortdauernde Kriegszustand, die Erschöpfung und Muthlosigkeit der Partei des altbewährten Rechtsbodens, der gänzliche Mangel einer Presse, alles mußte zusammenwirken, um die Wahlen im Sinne der Regierung ausfallen zu lassen. Befördert wurden die Wahlen durch äußerst splendid bestimmte Tage- und Reisegelder für die Wahlmänner; wodurch, beiläufig bemerkt, jede Landtagswahl einen Kostenaufwand von 20—30,000 Thaler verursacht. So gelang es, nach und nach die Wahlen zu Stande zu bringen.

Man hat aus diesem Zustandekommen der Wahlen eine Anerkennung der oktroyirten Verfassung von Seiten des Landes deduciren wollen. Aber war es möglich, die Wahl zu verweigern? Verweigerten die meist in amtlicher Eigenschaft berufenen Wähler die Wahl, so hatten sie zu gewärtigen, daß die Kriegsgerichte sie als „Aufrührer“ bestraften. Mindestens aber war nicht zu hindern, daß, wenn auch nur einige Wähler wählten, die Wahlen doch der Form nach zu Stande kamen. Nicht-Wählen hieß also nur, den Feinden das Feld räumen. Man wählte gerade in der Lage, wie auch die vor den Kriegsgerichten Angeklagten sich Vertheidiger vor diesen bestellten. Haben diese Angeklagten damit wohl die Rechtmäßigkeit der gegen sie verübten kriegsrechtlichen Procedur anerkennen wollen?

Unter den zur zweiten Kammer Gewählten befanden sich nur sechs wissenschaftlich gebildete Männer; es waren die fünf Abgeordneten der Städte Marburg, Hanau, Fulda, Melsungen und Eschwege und der aus der Wahl der Gutsbesitzer hervorgegangene Staatsrath Scheffer. In Kassel wurde die Wahl lange Zeit hindurch hingehalten. Die später bewirkte — sie war auf den verabschiedeten Ober-Finanzrath Zuschlag gerichtet — wurde von der Regierung aus nichtigen Gründen angefochten, so daß der Eintritt des Abgeordneten erst kurz vor dem Schlusse des Landtags erfolgte.

Der Kurfürst eröffnete den Landtag in Person. Er begrüßte die Erschienenen mit „besonderer Genugthuung“, als die „zum ersten Male versammelten wirklichen Stände des Landes“. Damit die Stände die „zum Abschluß des Ausnahmezustandes des Landes erforderliche, über die als Gesetz erlassenen Verfassungsvorschriften abzugebende Erklärung mit der erforderlichen vollständigen Unabhängigkeit abgäben“, wurde aus dem Stände-Eid die Verpflichtung auf die Verfassung hinweggelassen.

Den beiden Kammern wurden die provisorische Verfassung nebst Wahlgesetz und landständischer Geschäftsordnung, ferner die erlassenen „provisorischen Gesetze“ „zur Zustimmung“ — so sagte wenigstens noch die Thronrede — vorgelegt.

Die innere Geschichte der Landtage, auf denen die Verfassungsangelegenheit verhandelt wurde, ist nur wenig bekannt geworden. Die Verhandlungen über solche wurden geheim gepflogen. Ein Antrag der ersten Kammer auf öffentliche Verhandlung blieb von der Regierung unbeantwortet. Die offizielle Presse — und eine andere gab es nicht — brachte nur das Nothdürftigste. Selbst die amtlichen Protokolle sind so dürftig, daß sie öfters nicht einmal den Inhalt der Anträge und Beschlüsse ergeben.

In der ersten Kammer war die Ritterschaft entschieden vorherrschend. Sie gebot über 10 bis 13 Stimmen, während der faktische Bestand der ganzen Versammlung etwa zwischen 14 bis 17 Mitgliedern schwankte. Der Adel, dem es an intelligenten Kräften nicht fehlte, wußte genau, was er wollte, und war einsichtig genug, sich durch keine Drohungen schrecken zu lassen. Der über die Verfassung erstattete Ausschußbericht enthielt bereits im Wesentlichen die Emendationen, welche in die schließlich vom späteren zweiten Landtag über die Verfassung abgegebene Erklärung übergegangen sind. Im December 1853 wurden die Anträge des Ausschusses im Ganzen angenommen. Die übrigen im Laufe des Landtags gemachten Vorlagen der Regierung fanden bei der ersten Kammer keinen wesentlichen Anstand. Es lag in deren Interesse, sich auf Grundlage der neuen Verfassung wohnlich einzurichten. Die provisorischen Gesetze kamen jedoch bis zum Schlusse des Landtags nicht zur Berathung.

In der zweiten Kammer ward Scheffer zum Präsidenten erwählt. In seiner Antrittsrede sagte er: „Folgen wir den Bahnen jener „demoralisirten und demoralisirenden, jener eitlen und eigensüchtigen, „ruhelosen Opposition, welche keine von Gott verordnete Obrigkeit „kennt und will, welche sich weiser, klüger und besser dünkt, als jede „Regierung, welche jede Regierung zu ihrer Dienerin machen möchte, — „so wird unser Wirken in Nichts, ja in Unsegen aufgehn, das Spiel

„wird leicht sein und bald enden. Dies wäre der Weg des Mißtrauens, „der Untreue und des Verderbens.“ Noch deutlicher soll Scheffer im Laufe der Verhandlungen gesprochen, namentlich die Abgeordneten wiederholt mit Auflösung, erneuerter Bundesexecution, Tragung der Kosten u. s. w. bedroht haben, wenn sie nicht der Regierung zu Willen sei.

Auch schien anfangs alles erwünscht zu gehen. War doch der erste ständische Antrag auf Wiederherstellung der Prügelstrafe gerichtet, welche dann auch bereitwilligst gewährt wurde.

Nach einiger Zeit aber schien sich die Majorität der Kammer zu einer etwas entschlossneren, selbständigeren Haltung aufraffen zu wollen. Vicepräsident und Referent des Verfassungs-Ausschusses war der Abgeordnete für Marburg, Professor Ilse, ein Ausländer, der die Wilhelmsbader „Denkschrift“ (S. 18) verfaßt und dann eine Professur in Marburg erhalten hatte. Es ergab sich, daß selbst dieser Mann nicht mehr unbedingt mit dem Ministerium gehen konnte. Der Abgeordnete Fink von Eschwege hatte Anfangs April 1853 eine Reihe von Anträgen eingebracht, welche sämmtlich darauf hinausliefen, die Verfassung von 1831 als Grundlage der unveräußerlichen Rechte des Landes bei der Berathung wieder aufzunehmen. Diese Anträge wurden mit entschiedener Majorität in Erwägung gezogen *). Es war zu erwarten, daß sie auch die definitive Annahme erlangen würden. Da wurde zunächst dem Professor Ilse, „um seine eigentliche Berufsthätigkeit nicht länger zu stören“, die ministerielle Genehmigung zu seinem Eintritt in die Gemeindebehörde von Marburg und damit seine Landstandschaft entzogen. Doch die Opposition ließ sich dadurch noch nicht schrecken. Die Regierung erlitt neue Niederlagen. Da entschloß sich Hassenpflug gegen Ende April rasch zu noch weiteren Schritten. Die Führer der Opposition wurden unter politische Anklage gestellt; zwei

*) In dem ständischen Protokolle heißt es nur: „Ueber verschiedene Anträge des Abgeordneten Fink wurde berathen und Beschlüsse gefaßt“. Das Nähere ergiebt sich aber aus der Schrift: „Die Verfassungsfrage in Kurhessen auf ihrem jetzigen Standpunkte“. Leipzig, G. Remmelmann 1853, S. 50 — eine Schrift, welche tiefe Einblicke in das Treiben der damaligen Zeit gewährt.

(darunter der Deputirte von Fulda) wegen „Aufruhrs“, weil sie Mitglieder der „steuerverweigernden“ Ständeversammlung gewesen; der dritte, der Deputirte von Hanau, wegen „Hochverrath“, begangen durch Mitunterzeichnung einer von dem constitutionellen Verein zu Hanau 1849 erlassenen Addresse zu Gunsten der Reichsverfassung. Auf Grund dieser Anklagen wurden dieselben von ihren Gemeindeämtern suspendirt. Jetzt vertrat derselbe Mann, der 1850, als er der Fälschung angeklagt und bereits in erster Instanz verurtheilt war, die höchste Staatsstelle in Kurhessen übernommen und damals lebhaft den Satz vertheidigt hatte, „daß ein Angeklagter noch kein Verurtheilter sei und daß ja auch ein angeklagter, aber noch nicht verurtheilter Einwohner des Landes zur Ständeversammlung zugelassen werde“, die anderweite Ansicht, daß jene Angeklagten nicht länger Deputirte sein könnten. Und diese Ansicht erhielt in der Versammlung, welche mit Ausschluß der Betroffenen darüber abstimmte, die Majorität. Die Angeklagten blieben, der wiederholten Anträge ihrer Freunde ungeachtet, für die Dauer des Landtags von demselben ausgeschlossen, obwohl die Anklagen bei den Gerichten keine Folgen hatten. Nachwahlen finden nach der Verfassung von 1852 für die im Laufe des Landtags erledigten Stellen nicht statt.

Schon von diesem Zeitpunkt an, kann es zweifelhaft erscheinen, ob die Versammlung noch ganz den Anforderungen des Absatz 3 des Bundesbeschlusses vom 27. März 1852 entsprach. Von dem Augenblick an, wo die Ausschließung ungesetzlich wurde, war die Versammlung jedenfalls nicht mehr vollständig die vom Bunde verlangte Ständeversammlung. Man hatte jetzt eine Versammlung, in welcher die vier Hauptstädte des Landes, Kassel, Marburg, Fulda und Hanau unvertreten waren. Außer Scheffer saßen nur noch zwei wissenschaftlich gebildete Männer darin, die Amtsadvokaten Baumann und Fink. Baumann, ein fanatischer Anhänger Scheffer's, wurde an Ilse's Stelle Vicepräsident und Referent über die Verfassung. Fink vermochte allein die Opposition nicht mehr zu führen. Baumann erstattete einen Bericht über die Verfassung, in welchem nur sechs angebliche Verbesserungsvorschläge gestellt wurden. Anfangs ging die eingeschüchterte Versammlung auf Alles ein. Gegen den Schluß des Sommers aber, als der Bericht der ersten Kammer über die Verfassung bekannt wurde, hob sich die Stimmung wieder einigermaßen. Es wurde die nochmalige Revision einzelner Theile der Verfassung durchgesetzt. Und so gab endlich die zweite Kammer, fast gleichzeitig mit der ersten, über die Verfassung eine Erklärung ab, die zwar in ihren Emendationen hinter den Anträgen der ersten Kammer zurückblieb, aber doch den Standpunkt des Ausschußberichts merklich überschritt.

Den Ständen war im Laufe des Landtags noch eine Anzahl anderer Vorlagen gemacht. Ein Antrag des Deputirten Fink, sich lediglich auf Berathung des Verfassungsentwurfs zu beschränken, für alles Uebrige aber die Competenz abzulehnen, war nicht angenommen worden. So gingen dann noch mehrere Gesetze aus diesem Landtage hervor. Einige waren ohne politische Bedeutung, desto wichtiger eine Reihe anderer, welche fast alle Steuern, theils direkt, theils durch Aufstellung neuer Veranlagungsgrundsätze wesentlich erhöhten. Am wichtigsten aber war die tiefeingreifende Abänderung der Organisation der Gemeinden, welcher auch die zweite Kammer in ihrer schwächsten Stunde die Zustimmung ertheilte.

Beide Kammern hatten in ihrer über die Verfassung abgegebenen Erklärung die Einleitung von Conferenzen zur Verständigung der Kammern untereinander erbeten, wie dies in der durch den Bundesbeschluß eingeführten Geschäftsordnung vorgeschrieben war. Ohne daß diesem Antrage Folge gegeben ward, ehe über Wahlgesetz und Geschäftsordnung eine Erklärung der Stände abgegeben, und ehe noch in einer der beiden Kammern über die „provisorischen Gesetze“ berathen und Beschluß gefaßt war, wurde der Landtag am 4. Januar 1854 entlassen.

Hassenpflug glaubte den bestimmten Vorschriften des Bundesbeschlusses vom 27. März 1852 ebensowenig entsprechen zu müssen wie den bescheidnen Wünschen der „wahren Stände des Landes“. In dem von der Regierung einseitig erlassenen Landtagsabschied wurde in dem nämlichen Paragraphen, welcher die zu Stande gekommenen Gesetze aufführte, auch die Thatsache constatirt, daß die „provisorischen Gesetze“ den Landständen „vorgelegt“ worden seien.

Hassenpflug hatte die Stände vor Beendigung ihrer Arbeiten entlassen; das im Bundesbeschluß vom 27. März 1852 aufgestellte Erforderniß einer von den Ständen über Verfassung, Wahlgesetz und Geschäftsordnung abzugebenden Erklärung interpretirte er wol in seiner eigenthümlichen Weise. Ueber Wahlgesetz und Geschäftsordnung hatte er die Stände überhaupt gar keine Erklärung abgeben lassen, in Betreff der Verfassung aber es den Ständen unmöglich gemacht, eine Erklärung gemäß den Vorschriften des Bundesschlusses vom 27. März 1852 abzugeben. Dennoch glaubte Hassenpflug durch seinen persönlichen Einfluß den definitiven Abschluß des Verfassungswerkes beim Bundestage erzielen zu können. Er begab sich zu diesem Zwecke nach Frankfurt, fand indeß hier, daß die mit den Ständen gepflogenen Verhandlungen denn doch für zu unvollständig gehalten wurden.

Glücklicher war er mit den „provisorischen Gesetzen". Bezüglich dieser stellte er beim Bundestage vor, dieselben hätten eine indirekte Anerkennung dadurch erhalten, daß die Kammern es nicht für erforderlich erachtet, sich darüber auszusprechen, so daß derselben denn auch im Landtagsabschied habe erwähnt werden können. Seitdem hat die Nachfrage nach diesen Gesetzen von Bundes wegen aufgehört. Die Gesetze haben ohne Zustimmung der Landstände fortgegolten; und dem wiederholten Verlangen der Landstände nach Vorlage derselben haben die Minister das beharrlichste Schweigen entgegengestellt *).

Die zweite Kammer hatte einen Gesetzentwurf zur Wiederherstellung der Jagdgerechtsame mit 40 gegen 2 Stimmen abgelehnt. Gleich nach Entlassung des Landtags erschien aber eine Verordnung, welche in ausführlicher Einleitung das landesherrliche Gesetz vom 1. Juli 1848, das die Jagdgerechtsame gegen Entschädigung aufhob, für eine „offenbare Beraubung der Berechtigten" erklärte. Diesem Gesetz liege ein Satz der s. g. deutschen Grundrechte zu Grunde (die freilich viel später erlassen waren und außerdem die Aufhebung der Jagdgerechtsame ohne Entschädigung decretirt hatten); die Beseitigung des-

*) Man vergl. über diesen Gegenstand die neuerdings erschienene Broschüre: Die provisorischen Gesetze in Kurhessen, Braunschweig bei Vieweg. 1859.

selben sei daher eine Nothwendigkeit, die nachdem die Landstände ihre Zustimmung zu dem deshalb proponirten Gesetze versagt, nunmehr im Verordnungswege durchgeführt werden müsse. Demgemäß wurden die Jagdgerechtsame durch diese Verordnung für wiederhergestellt erklärt.

Diese Verordnung, deren Inhalt unzweifelhaft in die Privatrechte eingriff und deshalb selbst nach der Verfassung von 1852 nur in Form eines Gesetzes hätte erlassen werden dürfen, war eine offenbare Verfassungsverletzung. Hätte aber die zweite Kammer, welcher damit in's Gesicht geschlagen wurde, eine Beschwerde erheben wollen, so würde sie schwerlich den dazu nöthigen "übereinstimmenden Beschluß" der ersten Kammer erlangt haben. War doch die "Verordnung" im Interesse der Mitglieder dieser Kammer erlassen. Die zweite Kammer unterließ jeden Versuch.

In solcher Weise schaltete und waltete man auf allen Gebieten. In der "Verordnung", durch welche (statt des früheren Finanzgesetzes) nunmehr die Uebersicht des Staatshaushalts bekannt gemacht wurde, waren die von den Ständen beanstandeten Ausgaben gleichwohl mit verrechnet und dabei nur mit einem Sternchen die historische Notiz beigefügt, daß die Stände diesen Posten "nicht anerkannt." Man hatte sich in dem bequemen staatsrechtlichen Grundsatze, daß mit "Verordnungen" Alles durchzusetzen sei, was auf dem rechtmäßigen Wege der Gesetzgebung nicht möglich, so vollständig eingelebt, daß sogar — wie man bereits bei den September-Verordnungen deducirt hatte — ein an sich zur landständischen Zustimmung geeigneter Erlaß entweder mit dieser Zustimmung, oder, wenn solche nicht erfolge, gerade ebenso wirksam auch ohne diese Zustimmung ergehen könne. Von dieser Anschauung soll auch Hassenpflug gar kein Hehl gemacht, vielmehr zu verschiedenen Malen den Ständen geradezu gesagt haben, es sei gleichgültig, ob sie zustimmten oder nicht; erlassen werde die Sache doch. Wozu dann noch Stände? Um die Verantwortlichkeit für die unausbleiblichen Folgen eines solchen Systems auf sie wälzen zu können? Welche Gründe giebt es gegen die Argumentation, daß ein bestehendes Gesetz deshalb hinweggeräumt werden müsse, weil es etwas enthalte, was auch in den "Grundrechten" stehe, oder aber etwas, was in der Verfassung von 1852 nicht stehe? Ist das nicht eine Wünschelruthe, mit der man Alles hinwegzaubern kann? So war denn bereits schon recht gründlich praktisch erprobt, daß die neue provisorische Verfassung praktisch vollkommen bedeutungslos war.

Der vergebliche Versuch, welchen Hassenpflug in Frankfurt gemacht hatte, nöthigte ihn von Neuem mit den Ständen zu verhandeln. Er hatte für diesen Fall Vorsorge getroffen. Man hatte gesehen, daß, trotz aller Bevorzugung des platten Landes vor den Städten, und der kleinen Städte vor den größern, die zu den Landtagswahlen berufenen Gemeindebehörden, namentlich der Städte, noch immer im Stande seien, Elemente von einiger Intelligenz in den Landtag zu bringen. Nur durch extreme Maßnahmen hatte man sich derselben auf dem ersten Landtag entledigen können. Dies sollte anders werden. Das mit dem decimirten ersten Landtage glücklich zu Stande gebrachte, 1. December 1853 erlassene Gesetz „Abänderungen der Gemeindeordnung betreffend“ gewährte die Mittel dazu.

Durch dieses Gesetz wurde die zur Zeit der Emanation der Verfassung von 1852 bestehende Gemeindeordnung von 1834 — ein von Hassenpflug selbst verfaßtes, auch von den Bundescommissaren unangetastet gelassenes Gesetz — den wichtigsten Veränderungen unterworfen. Sämmtlichen Staatsbeamten, sodann den Anwälten, Postbeamten und Aerzten wurde die Gemeindemitgliedschaft, und damit die Fähigkeit, einer Gemeindebehörde anzugehören, entzogen; auch noch in anderer Weise die active und passive Wahlfähigkeit für die Gemeindebehörden beschränkt, theilweise sogar von der willkührlichen „Regelung durch die Aufsichtsbehörde“ abhängig gemacht. Die Gemeindebehörden sollten auf zehn Jahre, die Ortsvorstände (Bürgermeister) aber auf Lebenszeit bestellt werden. Es wurde die Wahl neuer Gemeindebehörden angeordnet, und rücksichtlich der vorhandenen Ortsverstände es in das Ermessen der Regierung gestellt, ob sie dieselben auf Lebenszeit bestätigen, oder eine Neuwahl (welche dann wieder der Regierungs-Bestätigung bedurfte) veranlassen wollten.

Aber hiemit nicht genug, wurde noch durch eine ohne landständische Mitwirkung erlassene Verordnung vom 22. December neben einer Anzahl willkührlicher Bestimmungen über den Wahlmodus der Gemeindebehörden die Vorschrift gegeben, daß zu einer Gemeindebehörde nach Ermessen der Aufsichtsbehörde Niemand zuzulassen sei, „bei dem auf irgend eine Weise eine feindliche Parteinahme gegen die Staatsregierung hervorgetreten sei“.

Die Bedeutung dieser Erlasse war keine andere, als eine vollständige Umgestaltung der Grundlagen des Landtags. Die Gemeindebehörden bildeten, wie wir sahen, die wesentlichen Elemente der Wahlkörper. Ihre Wahl ändern heißt also die Urwahlen ändern. Von ihnen ausschließen heißt von den Wahlkörpern, und da diese aus ihrer Mitte zu wählen haben, auch von den Landtagen ausschließen.

Natürlich giebt es in einem kleinen, eben nicht reichen Lande wie Kurhessen nur sehr wenig Leute von wissenschaftlicher Bildung, die solche nicht in irgend einem öffentlichen Berufe, als Staatsdiener, Anwälte, Aerzte u. s. w. zu verwerthen genöthigt wären. Alle diese Personen von den Landtagen ausschließen, heißt also nichts anderes, als die Summe der Intelligenz des Landes ausschließen.

Zudem waren ja wie wir vorher sahen die Aufsichtsbehörden angewiesen, in den Kreis der Personen, aus denen allein die Gemeinden Abgeordnete wählen durften, „niemand zuzulassen, bei dem auf irgend eine Weise eine feindselige Parteinahme gegen die Staatsregierung hervorgetreten sei.“

Sind wir recht unterrichtet, so hat das Ministerium von der ihm auf diese Weise zu Theil gewordenen Befugniß unter andern in der Art Gebrauch gemacht, daß sämmtliche Bürgermeister, welche auf dem ersten Landtage der Opposition angehört hatten, nicht bestätigt wurden, mit Ausnahme von zweien, welche ins Geheim Reverse ausstellten, die ihrer landständischen Thätigkeit ein Ziel setzten.

Hassenpflug hatte es auf diese Weise erreicht, die Wahlmänner so gut wie selbst zu ernennen. Getrost glaubte er einer auf so trefflichen Grundlagen beruhenden Ständeversammlung das Verfassungswerk anvertrauen zu können. Was kümmerte es ihn, daß diese Ständeversammlung gar nicht die in Absatz 3. des Bundesbeschlusses vom 27. März 1852 bezeichnete war, da sie weder nach dem dort vorgeschriebenen Wahlgesetz einberufen noch überhaupt die erste einberufene war. Der Bundestag hatte freilich eben so wenig die Erklärung einer zweiten wie die einer dritten, fünften, zehnten oder hundertsten Ständeversammlung verlangt; am wenigsten Erklärungen von Ständen, die nach einem beliebig abgeänderten Wahlgesetz gewählt waren. Hassenpflug hoffte mit dem Bundestage so gut fertig zu werden wie mit seinen Ständen, auch wenn er demselben ein falsches Object zur Beurtheilung vorlegte.

Nach mehr als anderthalb Jahren seit dem Schluß des ersten Landtags, nach Umgestaltung sämmtlicher Gemeindebehörden und Wahlkörperschaften wurde im September 1855 ein zweiter Landtag berufen. Ein wichtiges Ereigniß folgte dessen Zusammentritt: das Ministerium Hassenpflug endete.

Die Stellung Hassenpflug's war im Laufe der Jahre unhaltbar geworden. Seine stolze Rücksichtslosigkeit, seine jedes Maß überschreitende Willkühr, welche die ausgesuchteste Rabulistik zur Stütze nahm, hatten ihm auch unter den Anhängern seines politischen Dogma einen nach dem andern entfremdet. Ein bedauerlicher Conflict auf offener Straße, wenn er auch als Ausbruch einer zeitweisen Geistesstörung seines Urhebers betrachtet werden mußte, hatte gezeigt, daß der Minister auch in hohen Kreisen heftige Gegner habe. Selbst seinem Landesherrn gegenüber vermochte Hassenpflug seinen Trotz und sein eigenmächtiges Wesen nicht genügend zu bemeistern. Bereits im Jahre 1852 hatte der Kurfürst Herrn v. Bischofshausen, welcher als Obergerichtsrath in Hanau unter dem Druck der Bundesexecution seinen Abschied genommen hatte, nicht allein in den Staatsdienst wieder aufgenommen, sondern auch — offenbar nicht in Uebereinstimmung mit den Wünschen seines Ministeriums — zu seinem Kabinetsrath erhoben. Es war jedoch Hassenpflug gelungen, mittelst der nämlichen Klage, durch welche er den Deputirten Hanau's aus der Ständeversammlung vertrieben (S. 48), wohl auch mit Hülfe gewisser Hofintriguen, jenen gefährlichen Nebenbuhler wieder zu entfernen. Indeß wurde das Verhältniß des Ministers zu seinem Landesherrn allmählig doch immer ungünstiger. Seine ungemäßigte Protektion der hierarchische Tendenzen führte endlich zur Krisis.

Zu der erledigten Superintendentur in Kassel hatten die Diözesan-Geistlichen zu wählen, der Landesherr zu bestätigen. Es war dahin gekommen, daß bei der Wahl die große Mehrzahl der Stimmen auf Vilmar fiel. Hassenpflug forderte dessen Bestätigung. Der Kurfürst, von Natur und Charakter den Orthodoxen abgeneigt, fand das Papstthum Vilmar's mit den Rechten des Landesherren nicht ganz vereinbar. Er versagte die Bestätigung. Hassenpflug deducirte, dieselbe müsse ertheilt werden. Da ließ sich der Kurfürst von dem Kirchenrechtslehrer Richter in Berlin ein Rechtsgutachten ertheilen. Dasselbe ging dahin, daß aus „redlichen Ursachen“ die Bestätigung versagt werden könne, solche redliche Ursachen aber in dem Verhalten Vilmar's zur Landeskirche und den von ihm eingeführten Neuerungen zu finden seien *). Dies Gutachten entschied die Entlassung des Ministerium Hassenpflug. Vilmar wurde als Professor nach Marburg geschickt, um dort in skandalösen Zerwürfnissen mit seinen Fakultätsgenossen ein kleines Nachspiel zu seinem größeren politischen Treiben zu liefern. Hassenpflug folgte ihm bald freiwillig nach jenem Ort.

Auch nach andern Seiten hin übte die Nemesis ihr Amt. Wir erinnern uns des im Jahre 1851 gestifteten Treubundes. Bereits waren mehrere Mitglieder desselben wegen Verletzung der Sittlichkeit und des Eigenthums mit den Strafbehörden in peinliche Berührung gekommen. Der Kassirer jenes Bundes war wegen beträchtlichen Diebstahls an dem ihm dienstlich anvertrauten landesherrlichen Münzkabinet zu vielen Jahren Zuchthaus verurtheilt worden. Jetzt, kurz nach Hassenpflug's Abgang, ergab sich, daß auch der Präsident des Bundes, jener Advokat (S. 28), der inzwischen zum Richter befördert und in die Residenz gezogen war, bereits längere Zeit hindurch

*) Das Gutachten ist in Druck erschienen: „Gutachten, die neuesten Vorgänge in der evangelischen Kirche des Kurfürstenthums Hessen betreffend, von Dr. Ludwig Richter. Leipzig bei Tauchnitz, 1855“.

die gröblichsten Erpressungen gegen seine Amtsuntergebenen geübt hatte; ein in der Geschichte Kurhessischer Rechtspflege unerhörter Fall. Vergebens plädirte in höchster Instanz der General-Staats-Prokurator (diese einflußreiche Stelle bekleidete jetzt das im Jahre 1848 zur Disposition gestellte Mitglied des Ober-Appellations-Gerichts; S. 17) zu seinen Gunsten, indem er die Gelderhebungen des zu gar keinem Gebührenbezug berechtigten Angeklagten als Sportelexcesse darzustellen suchte. Der Präsident mußte dem Kassirer in's Zuchthaus folgen.

An die Stelle der entlassenen Minister traten zunächst deren Referenten. Erst nach längerem Zögern und Verhandeln entschloß sich Staatsrath Scheffer die Vorstandschaft des Ministeriums sammt der Leitung des Innern zu übernehmen. Das Regiment eines Mannes von solchen Antecedentien wurde — wunderbar genug — als eine relative Wohlthat empfunden. Dem Vilmar'schen Treiben hatte bereits der so bestimmt zu Tage getretene landesherrliche Wille ein Ziel gesetzt. Scheffer selbst trat nicht mehr mit der früheren Schärfe auf; er suchte versöhnlich zu wirken. Nicht als ob er ein politisch, kirchlich oder staatswirthschaftlich rechtmäßigeres oder freisinnigeres System eröffnet hätte; davon war er jetzt so weit entfernt, wie früher. In der Verfassungsangelegenheit ward ganz im bisherigen Sinne fortgefahren. Dem Antrage einer Regierung auf Modification des Zunftwesens antwortete ein Ministerial-Beschluß vom 8. Mai 1858, daß in der Fortdauer der Zünfte, die in der Verfassung von 1852 eine weitere grundgesetzliche Bürgschaft erhalten, ein heilsamer Schutz des städtischen Nahrungsstandes und eine der erhaltenden Stützen der Staatsordnung zu erblicken und deshalb auf eine Aufhebung oder Abänderung nicht einzugehen sei *). Auch an Mißachtung der Stände und Ueberschreitung der Verordnungsgewalt fehlte es nicht. Als die zweite Kammer bei Gelegenheit eines ihr vorgelegten Gesetzentwurfs den Erlaß gesetzlicher Bestimmungen wider die Zersplitterung von Gütern abgelehnt hatte, erschien nichs desto weniger am 4. März 1858 eine Verordnung, durch welche der

*) Sechszehn Jahre zuvor hatte Scheffer die Anlage von Eisenbahnen lebhaft bekämpft, weil Kurhessen als ackerbauendes Land derselben nicht bedürfe.

Wiederverkauf erkaufter Grundstücke von mehr als zehn Äckern innerhalb fünf Jahren bei Strafe von funfzig Thalern bis sechs Wochen Gefängniß verboten wurde, wenn nicht eine (völlig in das Ermessen gestellte) Bescheinigung des Landrathsamts beigebracht werde, daß keine gemeinschädliche Handelsspeculation vorliege. Aber Scheffer suchte doch wenigstens die Verwaltung in geordnetem Gange zu erhalten; er wollte die Wunden des Landes nicht weiter aufreißen, und die persönlichen Gehässigkeiten ruhen lassen.

Die erste Kammer des zweiten Landtags zeigte ziemlich dieselbe Physiognomie wie die des ersten. Sie bestand aus 10 bis 12 Rittern, dem Universitäts-Vicekanzler und einigen geistlichen Herren. Als Führer der Ritterschaft konnte der in der Provinz Hanau begüterte, in Kurhessen jedoch nicht einheimische Freiherr v. Edelsheim gelten. Die Ritterschaft hielt in einer compacten Majorität zusammen, was leider mehrfach zu Ausbrüchen bitteren Unmuths von Seiten der nicht-ritterschaftlichen Mitglieder führte, die ihre Aufgabe nicht darin erfüllt sahen, die stets schwankende Beschlußfähigkeit der Kammer aufrecht zu halten. In der Verfassungsangelegenheit knüpfte die erste Kammer an die Beschlüsse ihrer Vorgängerin an. Eine Denkschrift, welche die Regierung als Entgegnung auf diese übergeben hatte, wurde in dem Ausschußbericht, zum Theil mit einschneidender Schärfe bekämpft. „Man glaube hoffen zu dürfen," hieß es darin, „daß die Regierung doch nicht beabsichtigen werde die Befugnisse der Stände, namentlich in Bezug auf die Finanzen, in einer Art einzuengen, bei welcher von einer gedeihlichen Wirksamkeit derselben so wenig mehr die Rede sein könne, daß man sich billig fragen müße, warum, wenn die Regierung selbst den beanspruchten bescheidenen Einfluß der Stände beseitigen wolle, sie die Existenz derselben überhaupt noch für wünschenswerth halte."

Die eigentlichen Verhandlungen der Kammer begannen erst im Herbst 1856, fast drei volle Jahre, nachdem die des vorigen Landtags geschlossen waren. Ueber die Ausschuß-Anträge wurde ausführlich discutirt und die Verhandlung auch auf das der Verfassung beigefügte

Wahlgesetz ausgedehnt. Die Beschlüsse hielten im Wesentlichen den Standpunkt der früheren Kammer fest.

Die zweite Kammer war von der des vorigen Landtags sehr verschieden. Durch die veränderte Gemeinde-Organisation war sie nur eine Versammlung von Landwirthen, Bürgern und Bauern. Nur ein einziger Mann von sicherer juristischer und geschichtlicher Bildung saß darin, der Deputirte von Kassel, Zuschlag. Dagegen war diese Versammlung zum Glück auch von manchen anderen Elementen frei geblieben. Es hatte nicht wieder gelingen wollen, die Wahl Scheffer's durchzusetzen. Auch Baumann war nicht wieder gewählt worden. So bot die Kammer, im Gegensatz zu dem so augenscheinlichen Hin- und Herschwanken ihrer Vorgängerin, einen stetigeren Charakter dar. Was ihr fehlte waren gebildete Führer. Der einzige, der eine solche Führerschaft etwa hätte übernehmen können, hielt sich völlig zurück. Dabei lastete die, vielleicht von manchen Seiten absichtlich genährte, Befürchtung auf der Kammer, daß bei nicht völlig übereinstimmenden Beschlüssen beider Kammern es bei der Verfassung von 1852 sein Bewenden haben werde. In dieser Lage konnte die zweite Kammer weder den Muth noch die Kraft zu einem selbständigen Vorgehen gewinnen. Sie schloß sich im Wesentlichen gleichfalls den Beschlüssen der vorigen ersten Kammer an und versuchte nur in wenigen Punkten einen selbständigen Standpunkt geltend zu machen.

In den zwischen den Ausschüssen beider Kammern eingeleiteten Ausgleichungs-Conferenzen konnte man sich über die Differenzpunkte nur zum Theil vereinigen. Endlich beschloß die erste Kammer, die Conferenzvorschläge im Ganzen abzulehnen und lediglich die Ausgleichungsvorschläge ihres Ausschusses anzunehmen. Durch dieses entschiedene Vorgehen gedrängt, gab dann auch hier wieder die zweite Kammer nach und adoptirte die Beschlüsse der ersten.

In dieser Weise kamen übereinstimmende Erklärungen beider Kammern über Verfassung und Wahlgesetz zu Stande; es sind die, welche dem Bundestage vorliegen. In allen wesentlichen Punkten sind sie ein Werk der ersten Kammer und genauer gesagt, der Ritterschaft. Am Schlusse dieser Erklärungen wurde ausdrücklich vorbehalten, daß sie die

Verfassung als Ganzes begreifen und daher auch nur als Ganzes aufgefaßt werden können. In Bezug auf die provisorische Geschäftsordnung vom 13. April 1852 hatte die Regierung, ganz abgesehen von dieser dem Bundesbeschlusse nicht entsprechenden Ständeversammlung, freilich auch jetzt noch nicht den Anforderungen des Bundesbeschlusses vom 27. März 1852 Genüge gethan. Denn wie auf Seite 30 des Bundes-Ausschuß-Berichts vom 26. Juli 1859 zu lesen ist, hat sich weder die erste Kammer über diese provisorische Geschäftsordnung ausgesprochen, noch ist den Kammern Gelegenheit gegeben, sich wechselseitig zu benehmen, noch sind endlich dieselben über die Abänderungen, welche die Kurfürstliche Regierung an dem ursprünglichen Text vorgenommen, gehört worden. Selbst der Bundes-Ausschuß spricht der Kurfürstlichen Regierung das Recht zu derartigen Verordnungen ab, und sieht sich daher zur Zeit außer Stande, diese Angelegenheit für abgeschlossen anzusehn.

Die gesammte übrige Thätigkeit dieses Landtags war unbedeutend. Am Schlusse, im October 1857, tauchte die Verfassungs-Angelegenheit noch einmal auf. Die Regierung trat mit einer neuen Proposition bezüglich der Zusammensetzung der Kammern hervor. In die erste Kammer sollten noch eingereiht werden, sechs vom Landesherrn auf Lebenszeit zu ernennende Personen von Auszeichnung und die beiden Oberbürgermeister von Kassel und Hanau. Bei abweichenden Beschlüssen sollten auf Verlangen der Regierung beide Kammern zu gemeinsamer Beschlußfassung zusammentreten.

Mit einer an Entrüstung grenzenden Entschiedenheit wies die ritterschaftliche Majorität der ersten Kammer diese Vorschläge zurück. „Man wolle nur darauf aufmerksam machen," hieß es im Ausschuß-Bericht, „daß diese Vorschläge das ständische Princip, auf welches nach der Erklärung der Regierung die Verfassung von 1852 basirt sei, und für welches die erste Kammer sich ebenfalls auf das Bestimmteste ausgesprochen habe, sehr wesentlich verletzen und die Selbständigkeit der Kammer völlig untergraben würden." Und als der Universitäts-Vertreter einwendete: „solche Principien hätten doch keine absolute Geltung; der liebe Gott wisse nichts von Standesprincip!" mußte er von dem Führer der Ritterschaft die Erwiderung hören: „daß seine Reden an die besten Zeiten des Jahres 1848 erinnerten.“*)

Auch in der zweiten Kammer wurden die nachträglichen Vorschläge der Regierung abgelehnt. In dieser Diskussion, am 28. October 1857 fielen bereits Worte, die seitdem lauter und lauter in Hessen erklungen sind: „Es ist der allgemeine Wunsch des Landes, daß die Verfassung von 1831 wieder in Kraft trete.“

Das Ministerium Scheffer stieß auf Schwierigkeiten in der Verwaltung, wenn ihm auch der im Jahre 1858 wieder berufene Landtag keine Hindernisse in den Weg legte. Man hörte von öfteren Entlassungsgesuchen. Mehrmals wurden die Differenzen wieder ausgeglichen. Endlich führte ein Vorgang, dessen Einzelnheiten unbekannt geblieben sind, im April d. J. dahin, daß Scheffer mit unwandelbarem Entschlusse seine Entlassung erbat. Abée wurde Vorstand des Ministeriums.

Die Zustände Hessens, wie sie sich, in dieser Periode der Rechtlosigkeit entwickelt haben, schildert eine sachkundige Feder in folgender Weise: „Die Bevölkerung hat abgenommen; die Auswanderung hat sich so vermehrt, daß die Regierung durch ein Gesetz sie beschränken wollte. Fast sämmtliche Steuern sind erhöht worden.**) Der Werth des Landbesitzes ist nicht gestiegen, der des Hausbesitzes gesunken. Die Häuser in den Städten sind nicht selten unverkäuflich, so daß z. B. Häuser in der Altstadt Kassels für wenige Thaler zugeschlagen wurden. Die Industrie ist gelähmt und in einigen Fällen sogar unterdrückt. Das Handwerk bewegt sich in den Fesseln

*) Da nun doch, wie verlautet, die Regierung beim Bundestag den Standpunkt des Herrn Vice-Kanzlers festhält, so erhellt hieraus, daß Niemand vor dem Vorwurf, mit Grundsätzen des Jahrs 1848 zu liebäugeln, vollkommen sicher ist.

**) Der Referent des Verfassungs-Ausschusses der ersten Kammer sagte in der Sitzung vom 18. December 1856: „Der vorige Landtag hat, ich glaube mit einziger Ausnahme der Branntweinsteuer, die Steuern sämmtlich und zwar sehr wesentlich erhöht; er ist überall bis an die äußerste Grenze des Möglichen gegangen, er hat mehr verwilligt, als für ähnliche Zwecke jemals ein hessischer Landtag verwilligt hat.“

eines veralteten Zunftzwanges. Die südlichen Provinzen sehnen sich vergebens nach einer Eisenbahn, die ihnen den entzogenen Verkehr wiederbringen und sie vor Verarmung schützen soll; während in Kassel ein Bahnhofsbau sich erhebt, der, wenn auch nicht zweckmäßiger, doch prachtvoller und von unnützerer Weitläuftigkeit ist als die meisten in Deutschland. Die Gesetzgebung stockt; längst anerkannte legislatorische Bedürfnisse werden nicht befriedigt. Die Besetzung der Ministerien wird immer schwieriger; Krisis folgt auf Krisis, und die Ministersitze bleiben wochenlang leer. Hohe Stellen sind mit Leuten besetzt, denen die öffentliche Meinung nur das Verdienst völlig einseitiger Parteinahme für die bevorzugte Richtung beilegt. Die tüchtigsten Kräfte verbleiben in untergeordneten Stellungen oder wandern in das Ausland, wohin schon so Viele das Jahr 1850 getrieben. Im Staatsdienst herrscht Mißmuth; die Besoldungen sind kärglich; selbst das redlichste Streben kann keine Erfolge erzielen. Im Militär hat die letzte Mobilmachung Mängel an dem Nothwendigsten zu Tage gebracht. Die Rechtspflege ist vertheuert und hat an Vertrauen verloren durch die Art der Besetzung der Richterstellen und durch Schaffung eines Competenzhofes, den die öffentliche Meinung nicht als ein Institut der Gerechtigkeit ansieht, und der mit den meisten Entscheidungen noch im Rückstand ist. Die Selbstständigkeit der Gemeinden ist bei dem Einfluß den die Regierung auf die Wahl ihrer Behörden ausübt, nur noch eine scheinbare. Die Presse ist völlig todt; die offizielle „Kasseler Zeitung" bringt Alles, nur keine Beurtheilung heimischer Zustände. Auf kirchlichem Gebiet ist der Friede gestört durch eine extreme Partei, deren Anhänger man von der Regierung begünstigt sieht. Jede selbstständige Regung, jede außerordentliche Thätigkeit, trägt die Gefahr in sich, Mißfallen zu erregen. Wer aber einmal mißliebig geworden ist, hat dies nicht allein in seiner Person, sondern auch in seinen Kindern und Angehörigen zu entgelten. So herrscht überall Unmuth, Furcht und Mißtrauen, Gefühle, welche letzthin der Fall des Leihhauses, wobei man der Regierung einen großen Theil der Schuld beimißt, fast zu lautem Ausbruch gebracht hätte. Dies alles sind offenkundige Verhältnisse."

Wenn die Finanzlage des Landes als relativ günstig bezeichnet wird, so darf man dabei nicht vergessen, daß diese günstige Lage erkauft ist einerseits mit einer hochangespannten Besteuerung und andrerseits mit einer Sparsamkeit, welche selbst dringende Bedürfnisse des Landes unbefriedigt läßt. Man braucht nur daran zu erinnern, daß die Strafanstalten, die Gefängnisse, die Lokale der Behörden ꝛc. zum Theil in einem sehr unbefriedigendem Zustande sich befinden, daß Richter lange Jahre mit einem Gehalt von 300 Thalern existiren müssen u. dgl. m., um diese günstige Finanzlage auf ihren wahren Werth zurück zu führen. Am meisten aber leidet unter dem bestehenden Zustande die Industrie. Ist's doch als ob in ihrem Aufblühen ein staatsfeindliches Element erblickt würde. Wer mag sein Kapital zu Unternehmungen in einem Lande anlegen, wo solche stets die unberechenbarsten Hemmnisse von oben zu gewärtigen haben? Wenn man die Städte Hannover und Kassel, Gießen und Marburg, Offenbach und Hanau vergleicht, welch' ein Unterschied! Dort üppig aufblühendes Leben; hier Stillstand, wo nicht gar Zurückgehn.*) Es giebt nur einen hellen Punkt für Kurhessen in dieser Periode, die Abnahme der Verbrechen und Vergehen, die indeß kein stärkeres Verhältniß zeigt als in allen übrigen deutschen Landen.

Wir wollen gegen den Verfassungs-Entwurf, wie er aus dem Schooß des zweiten Landtags hervorgegangen ist, nicht ungerecht sein. Wir erkennen gern an, daß in der ersten Kammer staatsmännisches Talent nicht unvertreten war, und daß dieser Kammer der Ruhm gebührt in der schlimmsten Zeit der Reaction den ersten Damm entgegen gesetzt zu haben. Man muß ferner anerkennen, daß sich innerhalb der Landesvertretung redliche Männer fanden, die nach bester Einsicht für das Wohl des Landes zu wirken suchten; daß die Versammlungen, welche die Verfassung beriethen, unter dem Druck der traurigsten Reaktion in einer Periode tagten, wo in ganz Deutschland das Recht darnieder lag; daß namentlich die Verfolgungen, mittelst welcher mehrere Mitglieder der zweiten Kammer 1853 heimgesucht wurden, die Wirkung

*) Von 1847 bis 1856 hat sich die Bevölkerung Kassels, welches im Laufe dieses Jahrzehnts der Centralpunkt von vier Eisenbahnen geworden ist, nur von etwa 34,500 auf 36,800 Einwohner gehoben. Entspricht dies wohl den natürlichen Verhältnissen?

einer förmlichen Terrorisirung üben mußten; daß endlich ein consequentes Zurückgehn auf die unwandelbaren Grundlagen der Verfassung von 1831 für die Stände dadurch schwierig wurde, daß ihre eigene Existenz auf einer neuen Grundlage beruhte. Nachdem wir dies anerkannt, müssen wir aber gleichwohl aussprechen, daß die Stände — (wenn man sie, die auf willkürlichen, weder dem Landesrecht noch dem Bundesbeschluß vom 27. März 1852 genügenden Grundlagen berufen sind, als die Vertreter des Landes gelten lassen und darnach beurtheilen will) — bei ihrem Werke weder formell noch materiell völlig ihrer Pflicht genügt haben.

Die Verfassung von 1831 war als theilweise bundesgesetzwidrig außer Wirksamkeit gesetzt. Der Bundesbeschluß hatte zwar ausgesprochen, daß deren „wesentlicher, von dem Uebrigen nicht wohl zu trennender Inhalt" bundeswidrig sei. Indessen konnte die hervorgehobene Unthunlichkeit der Trennung doch nur als eine subjektive (vom Standpunkt des Bundes aus) gelten. Daß sie nicht eine objektive sei, das bewies schon unwiderleglich die vom Bunde selbst empfohlene Verfassung von 1852, deren Inhalt ja auf nichts weiter als einer solchen, wenn auch höchst einseitig vorgenommenen, Trennung beruhte. Sache der Stände wäre es gewesen, die diesem Trennungsprozeß zu Grunde liegende Einseitigkeit zu verbessern. Gerade wie die Anfertiger der Verfassung von 1852 hatten auch die Stände die Verfassung von 1831 zur Hand zu nehmen und bei jedem in letzterer verbrieften Rechte, welches nicht in die Verfassung von 1852 aufgenommen war, sich die Frage zu stellen: ist dasselbe bundeswidrig oder nicht? — überall aber, wo eine Bundeswidrigkeit sich nicht ergab, — und dies war unzweifelhaft anzunehmen bei allen denjenigen Bestimmungen, die in andern vom Bunde nicht beanstandeten Verfassungen sich vorfinden — auf Wiederherstellung in der neuen Verfassung zu dringen. Die Stände hatten einen gegebenen Rechtsboden zu vertheidigen, nicht um einen zu gebenden zu petitioniren. Rechte des Landes, welche nicht mit den Bundesgesetzen in Widerspruch standen, konnten sie so wenig vergeben, als der Bund und die auf dessen Autorität sich stützende Regierung rechtlicher Weise solche nehmen konnte. Statt dessen ließen sich die Stände auf den Standpunkt drängen, als ob bereits alle Rechte des Landes verfallen und als ob es sich darum handle, einige neue Rechte zurück zu erbitten.

Aber auch materiell haben die Stände die Interessen des Landes nicht genügend gewahrt; wenn man auch zugiebt, daß der ständische Entwurf viele Vorzüge vor dem Regierungsentwurf enthält.

Der ständische Entwurf verlangt eine Vertretung, die im Wesentlichen ganz wie die jetzige provisorische zusammengesetzt sein soll. Niemand aber kann zweifeln, daß die gegenwärtigen Stände jedes Bodens im Lande entbehren. Es ist völlig verfehlt, in Kurhessen ein Zweikammersystem aufrecht erhalten zu wollen. Das scheint auch jetzt die kurhessische Regierung selbst einzusehen, indem sie um die Selbständigkeit der Ritterschaft in der ersten Kammer zu brechen, das Recht der Pairs-Ernennung verlangt. Gelingt dies, dann wird die Kammer nichts weiter als ein Regierungs-Organ sein. Denn was für Leute würde wohl eine Regierung, die notorisch selbst bei Besetzung des höchsten Gerichtshofs sehr einseitig zu Werke zu gehen pflegt, zu „Pairs" ernennen? Und wie, wenn alsdann die Ritter, wie bereits als deren Absicht verlautet, ihrer Stellung entsagen und nicht auf dem Landtag erscheinen sollten? Dann wäre die Kammer ohne Zweifel beschlußunfähig, und die ganze Verfassung stände wieder in der Luft. Eben so wenig aber wird Jemand behaupten können, daß die zweite Kammer eine einigermaßen würdige Vertretung der politischen Intelligenz des Landes enthielte. In gegenwärtiger Zeit, wo die politischen Verhältnisse so complicirt geworden sind, stellt man das „Princip" auf — ein Princip, das man beiläufig bemerkt, doch wieder, wo es unbequem wird, über Bord wirft — daß der Landmann, welcher den Pflug führt, der Bürger, welcher seinem Gewerbe nachgeht, nothwendig selbst ihre Rechte vertreten müßten! Ist das nicht, als ob ein kluger Advocat, der mit einem schlichten Bürgersmann einen verwickelten Rechtshandel hat, zur Vermeidung einer „unwahren Vertretung" durchsetzte, daß jeder von ihnen in Person seine Sache führen müsse? Aber selbst einmal angenommen, die so beschaffenen Stände könnten je zu dem nothwendigen moralischen Gewicht gelangen: ist in ihnen denn die Gesammtheit der

Landesinteressen repräsentirt? Nichts weniger als das! Sie sind eine Vertretung des Grundbesitzes, während alle übrigen Interessen zurückstehen. Kann daraus jemals eine gesunde Entwickelung hervorgehen?

Das ständische Mitwirkungsrecht bei der Gesetzgebung und bei der Besteuerung wird in den Erklärungen der Stände erweitert. Der emendirte Paragraph, welcher das Zustimmungsrecht zu den Gesetzen betrifft, ist allerdings in Vergleich mit seinem mageren Inhalte in der Verfassung von 1852 durch Aufzählung einer ganzen Reihe vereinzelter Gegenstände der Gesetzgebung, zu welcher ständische Beistimmung nöthig sein soll, eine Verbesserung. Aber wer möchte glauben, daß diese buntscheckige, den größten Interpretationszweifeln raumgebende Aufzählung die Willkühr auch nur einigermaßen ausschließe? Ueberdies räumt der Paragraph der Regierung das Recht ein, Verordnungen, welche die Verwaltung und „Polizei" betreffen, mit Strafandrohung bis zu 50 Thaler und 6 Wochen Gefängniß einseitig zu erlassen. Was mit diesem Mittel geleistet werden kann, hat bereits die Verordnung vom 4. März 1858 gezeigt (S. 56).

Bei der Besteuerung haben die Stände das uralte Recht deutscher Stände, die Steuern zu bewilligen, im Allgemeinen aufgegeben, und nur auf allerlei Umwegen Schutz vor Verschwendung der Landesmittel zu beschaffen gesucht. Wer möchte sich verhehlen, daß solche künstliche Mittel stets die Gefahr des Unzureichenden in sich tragen? Ohne auf die Menge der übrigen höchst bedenklichen Punkte einzugehen, heben wir nur noch hervor, daß auch der ständisch emendirte Entwurf aller wirksamen Garantien entbehrt. Freilich ist die Minister-Anklage nominell vorhanden. Aber jedermann kennt heut zu Tage die Bedeutung dieser Institution. Und hier ist dieselbe an die übereinstimmenden Beschlüsse beider Kammern, und an die wissentliche Verletzung einer deutlichen Verfassungsbestimmung gebunden. Ueber diese Voraussetzung erkennt ein Gerichtshof, den die Regierung besetzt. Und hat nicht bereits die Regierung durch Erlaß der Jagdordnung offen an den Tag gelegt, wie wenig sie eine solche Anklage fürchtet?

Endlich bleibt es auch nach der ständischen Erklärung dabei, daß, wenn über den Sinn einer Verfassungsbestimmung zwischen Regierung und Ständen Zweifel sich ergeben, der Bundestag entscheiden, einstweilen aber der von der Regierung angenommene Sinn gelten soll. Damit ist also das ganze Gebiet der Interpretation — und man weiß, was dies zu bedeuten hat — der Regierung offen gestellt. Sie allein entscheidet über den Sinn der Verfassung mit souverainer Wirksamkeit so lange, bis — der Bundestag anders entscheidet.

Die ständische Erklärung über die Verfassung war im Juli 1857 an die Regierung abgegeben worden. Im Juli 1858 hat die Regierung diese Erklärung mit ihren dieselbe ablehnenden Anträgen dem Bundestag vorgelegt. Im Juli 1859 hat der Ausschuß des Bundestags über diese Vorlagen Bericht erstattet. Der Ausschuß hat sich dabei auf den Standpunkt des Richters gestellt, der über die Differenzpunkte zwischen Regierung und Ständen zu entscheiden hat. Er beantragt, daß der Bundestag diese Entscheidung in Form von Bemerkungen der kurhessischen Regierung zur Berücksichtigung mit der Eröffnung zugehen lasse, daß im Falle dieser Berücksichtigung die Garantie der Verfassung durch den Bundestag erfolgen solle. Der Bundes-Ausschuß ignorirt dabei die Erklärung der Stände, daß sie ihre Erklärung über die Verfassung nur als Ganzes aufgefaßt haben wollen, was eine Prüfung der einander gegenüberstehenden Entwürfe in ihrer Totalität erforderlich gemacht haben würde. Dieselbe Prüfung würde schon aus dem Gesichtspunkte der in Aussicht gestellten für die gesammte Verfassung zu übernehmenden Garantie unerläßlich gewesen sein. Der Bundesausschuß unternimmt ferner die von ihm beantragten Entscheidungen nicht unter Grundlegung der Verfassung von 1831 und der Frage, wie weit die durch diese begründeten, von dem Vorwurf der Bundeswidrigkeit nicht betroffenen, bis jetzt noch gar nicht definitiv aufgehobenen, sondern nur suspendirten Rechte des Landes gehen, sondern prüft nur nach den Gesichtspunkten des politischen Gutdünkens und der politischen Zweckmäßigkeit. Für ein derartiges Entscheidungsrecht fehlt es in der Bundesverfassung an jedweder rechtlichen Grundlage. Jenes Gutdünken führt den Ausschuß dahin, nur in minder bedeutenden Punkten den

Ständen, in den bedeutenderen dagegen der Regierung beizupflichten. Am auffallendsten mag es erscheinen, daß unter den letzteren Punkten mehrere sich befinden, die schwerlich mit dem monarchischen Princip in Zusammenhang stehen, und welche nicht allein die Interessen des Landes, sondern auch die der Agnaten aufs tiefste berühren dürften. Und endlich möchten wir noch fragen: welche Stellung wird der Bund zu den zwischen Fürst und Land abgeschlossenen, noch von den dermaligen Ständen, namentlich der ersten Kammer fest vertretenen, Vermögensverträgen nehmen? Welcher auch nur entfernt denkbare Grund ließe sich auffinden, diese Verträge zu modificiren?

Noch einmal hat das kurhessische Volk wider das Unrecht, welches ihm, nunmehr endgültig, zugefügt werden soll, sich mit lauter Stimme erhoben. Alles, was einen letzten Rest freier Bewegung sich gerettet hat, benutzt diesen, um zu protestiren. Die Vertreter der größten Städte des Landes haben beim Landesherrn und beim Bundestag die Rechte des Landes geltend gemacht. Mehrere kleinere Städte haben sich dem angeschlossen. Ja selbst die auf Grund der Verfassung von 1852 berufene Ständeversammlung hat in ihrer zweiten Kammer mit 38 gegen 5 Stimmen die Wiederherstellung der Verfassung von 1831 begehrt. Daneben sind die unbefriedigenden inneren Zustände des Landes immer deutlicher zu Tage getreten. Niemand kann sich über solche mehr täuschen. Liegt auch Manches auf diesem Gebiete, was von der Verfassung direkt unberührt bleibt, so bildet doch eine von der Zustimmung des Landes getragene Vertretung das einzige Mittel, um indirekt auf die Quelle solcher Mißstände zu wirken.

Das sind die Verhältnisse, unter welchen Kurhessen die Entscheidung über sein Recht und über sein Schicksal erwartet.

Wir haben den Thatsachen, die, wie wir glauben, völlig wahrheitsgetreu berichtet sind, nur noch wenige Worte hinzuzufügen.

Was die Sache des kurhessischen Landes von vornherein ungünstig stellte, war der Umstand, daß man in Deutschland bei Beginn des Streites unmöglich glauben konnte, es könne ein Staatsmann, der eine deutsche Regierung vertrete, so unbedenklich mit der Wahrheit umgehen, wie dies von Hassenpflug geschah. Wenn Hassenpflug das ganze Aufgebot reaktionärer Schlagworte, „Volkssouveränetät", „Steuerverweigerung", „Aufruhr", „Rebellion", seinen Gegnern entgegenwarf, selbst aber hoch und theuer versicherte, es handele sich ihm nur um Aufrechthaltung der Verfassung im wahren monarchischen Sinne: so mochten außerhalb Hessens nicht Wenige sein, welche glaubten, es müsse doch an dem Allen etwas Wahres sein, und es möchten wohl in Kurhessen die Verhältnisse in ähnlicher Weise ausgeartet sein, wie dies leider in manchen andern deutschen Staaten der Fall war. Daß die ganze „Steuerverweigerung" und alles was daran hing eine reine Hassenpflug'sche Erfindung sei, dies klar zu erkennen, fehlte den meisten das Material.

Diese Unklarheit wurde aber von denen, welche Reaktion um jeden Preis und bis zum äußersten Maß wollten, benutzt, um an Kurhessen ein Exempel zu statuiren.

Hoffentlich hat der Zeitverlauf Manches klarer gestellt, oder doch wenigstens zu einem ruhigeren Urtheil befähigt.

Wir haben in diesen Blättern nicht mit weitläufigen Deductionen aus einzelnen Verfassungsparagraphen ermüden wollen. Es finden sich dergleichen Rechtsausführungen bereits anderwärts.*) Man sehe aber doch nur einmal den ganzen Verfassungsstreit mit unbefangenem Blick an. Den Kern des Widerstandes im Jahre 1850 bildeten unbestritten die höheren Staatsdiener in ihrer weitaus überwiegenden Mehrheit. Das soll freilich eine „Revolution in Schlafrock und Pantoffeln" gewe-

---

*) Man vergleiche: Rechtliche Beleuchtung der kurhessischen September-Verordnungen. Herausgegeben von Prof. H. A. Zachariä. Göttingen, Dietrich'sche Buchhandlung. 1851. (Zugleich als Entgegnung auf die von einem Anhänger des Ministeriums gelieferte Vertheidigung der September-Verordnungen: „Die kurhessischen Verordnungen vom 4., 7. und 28. September 1850. Von H. Martin. Marburg 1851.) Ferner: Der permanente landständische Ausschuß in Kurhessen vor dem Kriegsgerichte; Vertheidigungsschrift mit Rechtsgutachten der Juristenfakultäten zu Heidelberg und Göttingen. Kassel bei Fischer, 1851. — Vertheidigung des Ober-Gerichts-Anwalts Henkel zu Kassel vor dem kurfürstlich hessischen permanenten Kriegsgerichte. Kassel 1851.

sen sein. Was in aller Welt aber konnte Männer in grauen Haaren, Männer, die für durchaus conservativ galten, welche längst in der vormärzlichen Zeit die höchsten Chargen bekleidet hatten, die seit Jahrzehnten die höchste Rechtssprechung in Kurhessen übten, zu einer Revolution veranlassen? Waren die kurhessischen Staatsdiener so revolutionslustig, warum machten sie nicht Revolution im Jahre 1848, wo solches so leicht war? Und was konnten sie dabei gewinnen wollen? Im Gegentheil, sie unterwarfen sich den größten Gefahren und Bedrängnissen. Ein nicht geringer Theil von ihnen opferte seine Stellung. Man sehe doch jene Männer an, die damals aus Hessen vertrieben wurden. In vielen deutschen Ländern sind sie wieder zu finden. Ueberall, wo sie sind, haben sie sich, zum Theil in hohen, angesehenen Stellungen, als redliche, tüchtige Menschen Achtung erworben. Sind das Revolutionäre? Und stand etwa die Staatsdienerschaft allein? Stand nicht der Kern der Bürgerschaft, ein ganzes Volk hinter ihnen, dem selbst Graf Rechberg das Lob angestammter Treue nicht versagen konnte? Und wie hat sich dieses Volk zu der Streitfrage verhalten? Wenn ein Prozeß verloren gegangen ist, so geschieht es nur zu leicht, daß die unterliegende Partei ihren eigenen Anwalt desavouirt und schmäht. Hat man aber jemals von Kurhessens Bürgern, so viel sie auch zu leiden hatten, das Verhalten der Stände und Beamten verurtheilen hören? Und endlich, die Offiziere anlangend, so hatten ja die deutschen Waffenbrüder sie noch kurz vorher in Baden, in Schleswig kennen gelernt. War dort ihre Disciplin gelockert? Huldigten sie revolutionären Grundsätzen? Sollten sie wirklich um einer Revolution zu dienen ihre Stellung haben opfern wollen? Nein! wer auch nur einen Funken von Wahrheitssinn in sich trägt, kann darüber nicht zweifeln, daß in dem kurhessischen Verfassungsstreit der Kern des gesammten Volkes mit der innigsten Rechtsüberzeugung Hassenpflug gegenüber stand. Will man nun annehmen, jene allgemeine Rechtsüberzeugung sei dennoch ein Irrthum gewesen? Soll das kurhessische Volk plötzlich, nachdem es im „Jahr der Tollheit“ verschont geblieben, von einem Wahnsinn befallen worden sein? Was ist denn Recht? Ist es dasjenige, was einige Wenige (noch dazu Doctrinäre, die ihr sogenanntes „historisches

Recht" nach naturrechtlicher Art als Schema einzuführen suchen) mit spitzfindigen Deductionen herausklügeln, oder das, was in der Ueberzeugung Aller lebt, und was die Gerichte als Recht erkennen? Und wie war denn das kleine Häuflein derer beschaffen, welche das Vorschreiten des Ministeriums, freilich auch "aus Rechtsüberzeugung" zu vertheidigen suchten? Wir wollen nicht erörtern, aus welchen Elementen sich dieses Häuflein zusammensetzte. Aber wer kann die Thatsache hinwegleugnen, daß gerade die Spitzen jenes Bundes, der sich die „Treue" zur Devise nahm, aller Protektion ungeachtet wegen schmählicher Untreue binnen wenigen Jahren dem Zuchthaus entgegenreiften?

Sagen wir die ganze, die volle Wahrheit! Der Kampf in Kurhessen war nicht, wie man glauben machen wollte, ein Kampf des monarchischen Princips mit dem Princip der Volkssouveränetät. Es war der Kampf e i n e s k e c k e n B ü r e a u k r a t e n w i d e r d i e a l t b e g r ü n d e t e n, i n a n e r k a n n t e r W i r k s a m k e i t b e s t e h e n d e n R e c h t e d e s L a n d e s. Er war eine e c h t e Revolution; aber von Seiten derer, die sich mit dem Namen der konservativen Partei brüsten; derer, die vor Allen berufen waren, Recht und Gesetz in Kurhessen zu schützen; eine Revolution, die nicht einem Aufbrausen der Leidenschaften, sondern einem wohldurchdachten und wohlvorbereiteten Plane entfloß; eine Revolution, die ihrer Verachtung des Rechts eine fast noch tiefer verletzende Heuchelei zugesellte; eine Revolution, die, als ihr die Mittel im Innern versagten, sich von Außen her Hülfe zu verschaffen wußte.

Diese Revolution wäre nicht unternommen worden und konnte nicht unternommen werden ohne den Stützpunkt einer politischen Intrigue größten Maßstabes. Man hat wohl gehört, daß im Mittelalter, wenn sich zwei kleine Dynasten um die Grenze ihrer Jurisdiction stritten, einer von ihnen, um sich in Besitz zu setzen, auf dem streitigen Gebiet irgend einen armen Teufel aufgreifen, prozessiren und hängen ließ. Ein solches Expediens ward in dem großen Jurisdictionsstreit zwischen Oesterreich und Preußen an dem kurhessischen Volke geübt. Man kann die Offenheit, womit der bayersche Minister sich dessen sogar rühmte, anerkennen. Aber welchen Blick eröffnet dieses Bekenntniß auf den sittlichen Werth einer sich als „deutsch" bezeichnenden Politik, die sich nicht scheut, für ihre Zwecke die Rechte eines deutschen Volksstammes offen mit Füßen zu treten?

Aber war es denn nicht gerechtfertigt, daß auch gegen die kurhessische Verfassung einmal vorgeschritten wurde? Enthielt sie nicht wirklich Bestimmungen, welche dem monarchischen Princip, welche den Bundesgesetzen widersprechen? Wir verweisen zunächst auf die schwerwiegende Thatsache, daß mit der kurhessischen Verfassung zwanzig Jahre lang regiert worden ist, ohne daß man eine Beeinträchtigung des monarchischen Princips oder der Bundesgesetze gewahr geworden wäre. Von allen den Dingen, die am heftigsten angegriffen sind und am bedenklichsten erscheinen, vom Verfassungseid des Militärs, von der Selbständigkeit der Verwaltungsbeamten in Verfassungsfragen, von dem Anklagerecht der Landstände wider Beamte im Allgemeinen, ist praktisch nie die Rede gewesen. Sie wurden erst hinderlich, als die Verfassung umgestürzt werden sollte. Es ist wahr: als die Regierung versuchte, die Verfassung umzustoßen, da legte sich in jedes Rad der Staatsmaschine der Verfassungseid wie ein Sperrhaken hinein und ließ die Maschine eher brechen als verkehrt gehen. Liegt darin nun ein Vorwurf? Er liegt darin, wenn es wahr ist, daß es in Deutschland keine Verfassung geben darf, die nicht beseitigt werden könnte, wenn ein Ministerium dies ernstlich will. Er liegt nicht darin, wenn eine Verfassung dem Lande die Stellung geben darf, Rechtsbeeinträchtigungen lediglich mit der Waffe des Gesetzes zurückzuweisen.

Wir geben zu, daß einzelne Bestimmungen der Verfassung von 1831 dem Bundesrecht widerstreiten. Aber wir fragen, ob gerade der Verfassungskampf von 1850 eine gerechte Veranlassung gab, diese Bestimmungen so formlos zu beseitigen. Und was konnte, müssen wir endlich fragen, was konnte veranlassen, um jener wenigen Bestimmungen willen, die ganze Verfassung umzustürzen? Etwa die Untrennbarkeit ihres Inhalts? Diese angebliche Untrennbarkeit ihres Inhalts ist schon durch die Art, wie die Verfassung von 1852 geschaffen wurde, widerlegt. Wir wollen es uns lieber aus den ganzen damaligen Zeitverhältnissen erklären, daß der Bundestag nicht Muße fand, sich auf eine genauere Untersuchung und demgemäß auf bestimmte Bezeichnung der bundeswidrigen Bestimmungen der Verfassung von 1831 einzulassen und deshalb die Verfassung von 1831 vorläufig außer Wirksamkeit setzte, die definitive Regelung der Verhältnisse aber sich vorbehielt. Glücklicher Weise ist so der Rechtsbestand der Verfassung von 1831 noch nicht auf unheilbare Weise angetastet, ist die Brücke nicht abgebrochen, die auf den Boden des Rechts zurückführt.

Dadurch ist es auch der Regierung des größten deutschen Staats, dessen Regent das durch ganz Deutschland tönende Wort „Schutz des Rechts" auf sein Banner geschrieben hat, möglich geworden, unumwunden für das alte Recht des hessischen Landes, für die Verfassung von 1831 einzutreten. Die deutschen Regierungen mögen in ihrem eigenen Interesse die Worte der preußischen Denkschrift vom 10. Oktober 1859 wohl berücksichtigen, an deren Schluß es heißt:

„So lange aber diese Unsicherheit dauert, liegt in der kurhessischen Verfassungsangelegenheit eine große Gefahr auch für ganz Deutschland, für die Regierungen zumeist und für das monarchische Princip selbst. Die Wendung, welche diese Angelegenheit genommen hat, drückt und beschwert nicht allein die Gewissen vieler redlichen und treuen Diener ihres Fürsten in Hessen, welche sich nur mit Schmerz in eine ihrer Ueberzeugung nach unberechtigte Ordnung der Dinge gefügt haben; sie ist auch ein Mittel der Agitation in ganz Deutschland geworden und hat, mehr als eine andere auf die Ungunst der Stimmung gegen den Bundestag eingewirkt. Die Gefährlichkeit kann diesem Agitationsmittel nur genommen werden, indem man ihm den Boden entzieht, den es in den Gemüthern der Bessern hat, also durch einfache Rückkehr zur Basis des Rechts — einer Basis, welche auch bisher nicht zerstört, wohl aber einstweilen unberücksichtigt geblieben ist.

Die Königliche Regierung hat es mehrfach unumwunden ausgesprochen, daß sie die Bundesverfassung Deutschlands nicht für vollkommen hält, aber dieselbe achtet und gegen unberechtigte Angriffe zu schützen bereit ist. Sie darf es ebenso unumwunden aussprechen, daß es kein besseres Mittel giebt, dieselbe zu schützen und zu stützen, als wenn der Bundestag dem deutschen Volke die Ueberzeugung wievergiebt, daß er an der Grundlage des Rechts festhalte und dafür einstehe."

Was bleibt auch dem Bundestage gerade in Folge seines Beschlusses vom 27. März 1852 anders übrig als die von Preußen verlangte Rückkehr zur Verfassung von 1831? Die kurfürstliche Regierung hat, wie wir gezeigt, diesem Bundesbeschluß nicht genügt; sie hat nicht das durch denselben verlangte Objekt vorgelegt, indem sie die überdies unvollständigen Erklärungen einer dem Bundesbeschluß vom 27. März 1852 gar nicht entsprechenden Ständeversammlung beibrachte. Die Bundesversammlung kann aber auch nicht einmal die jetzigen Vorlagen zurückweisen und die hessische Regierung zur Vorlage der dem Bundesbeschluß entsprechenden Erklärungen auffordern. Denn diese sind gar nicht mehr zu beschaffen, da die allein zu Erklärungen berechtigte Ständeversammlung aufgelöst und namentlich nach völliger Umgestaltung der alten Wahlkörper nie und nimmer wieder herzustellen ist. Wollte die Bundesversammlung aber gegen den preußischen Antrag, d. h. gegen das Zurückgehen auf den allein festen Rechtsboden der Verfassung von 1831, einwenden, daß dies nicht angehe, weil es dem Bundesbeschluß vom 27. März 1852 widerstreite, der nicht, wie Preußen interpretire, die Verfassung von 1831 nur provisorisch außer Wirksamkeit setzen, sondern definitiv habe aufheben wollen, so möge sie wohl bedenken, daß sie damit ihren eignen Beschluß für null und nichtig erklären würde. Denn woher will die Bundesversammlung die Berechtigung nehmen, eine in anerkannter Wirksamkeit bestehende Verfassung ohne Weiteres aufzuheben, während die Bundesgesetze selbst (Art. 56 der W. Schl.-A.) ausdrücklich vorschreiben, daß eine solche Verfassung nur auf verfassungsmäßigem Wege aufgehoben werden könne. Mit der geistreichen Gegenüberstellung von „bundesverfassungsmäßig" und „landesverfassungsmäßig" wird heut zu Tage wohl niemand sich befriedigen lassen; bundesverfassungsmäßig ist eben nach Art. 56 der W. Schl.-A. ganz allein die Abänderung auf dem durch die betreffende Landesverfassung vorgeschriebenen Wege. Die Bundesversammlung hat also zwischen der Alternative zu wählen, entweder ihren Beschluß so zu interpretiren, daß er als ein vollgültiger allseitig anerkannt werden kann und somit auf die Verfassung von 1831 als Grundlage zurück zu gehen, oder aber ihren Beschluß durch ihre eigne authentische Interpretation zu einem vollkommen nichtigen zu machen. Man mag es dann versuchen, wie viel man auf Grund eines derartigen nichtigen Beschlusses durchzusetzen vermag. Nur mag man dabei bedenken, daß wir im Jahre 1859 und nicht im Jahre 1850 leben!

Hält sich aber der Bund, wie wir zu Gott hoffen wollen, auf dem Boden des Rechts und wird so die alte Rechtsgrundlage nur erst wieder befestigt, dann mag man immerhin einzelne Bestimmungen der Verfassung von 1831 als „bundeswidrig" ausscheiden und damit dem Bundesbeschlusse von 1852 genügen. Die kurhessische Verfassung, zumal wenn sie aus der gegenwärtigen Krisis siegreich hervorgeht, wird dieselben ohne Schaden entbehren. Aber unentbehrlich ist die Rückkehr zu dieser Verfassung im Ganzen, nicht allein aus Gründen des formellen Rechts, sondern überhaupt für den Glauben an die Heiligkeit des Rechts. Wehe Deutschland, wenn dieser Glaube vernichtet wird!

FSC
www.fsc.org
MIX
Papier | Fördert
gute Waldnutzung
FSC® C083411

Kolibri 360 GmbH
Ferdinand-Jühlke-Straße 7
99095 Erfurt, Deutschland
produktsicherheit@kolibri360.de